WER ANKOMMEN WILL, MUSS LOSGEHEN

KERSTIN PETER

Wie du dich DRAUSSEN SELBST KENNENLERNEN und deine Visionen umsetzen kannst

Schirner Verlag

Der Naturcoaching-JAHRESGUIDE

Die Ratschläge in diesem Buch sind sorgfältig erwogen und geprüft. Sie bieten jedoch keinen Ersatz für kompetenten medizinischen Rat, sondern dienen der Begleitung und der Anregung der Selbstheilungskräfte. Alle Angaben in diesem Buch erfolgen daher ohne Gewährleistung oder Garantie seitens der Autorin oder des Verlages. Eine Haftung der Autorin bzw. des Verlages und seiner Beauftragten für Personen-, Sach- und Vermögensschäden ist ausgeschlossen.

Dieses Buch enthält Verweise zu Webseiten, auf deren Inhalte der Verlag keinen Einfluss hat. Für diese Inhalte wird seitens des Verlages keine Gewähr übernommen. Für die Inhalte der verlinkten Seiten ist stets der jeweilige Anbieter oder Betreiber der Seiten verantwortlich.

Wir verzichten auf das Einschweißen unserer Bücher – **UNSERER UMWELT ZULIEBE!**

ISBN Printausgabe: 978-3-8434-1521-7
ISBN E-Book: 978-3-8434-6508-3

Kerstin Peter:
Wer ankommen will, muss losgehen
Der Naturcoaching-Jahresguide – Wie du dich draußen selbst kennenlernen und deine Visionen umsetzen kannst

Umschlag: Simone Fleck und Anna Katharina Berg, Schirner, unter Verwendung von # 154819184 (© dugdax), # 776818885 (© dugdax), # 538280953 (© Pensiri) und # 538419400 (© Irbena), www.shutterstock.com
Layout: Anna Twele, Schirner
Lektorat: Katja Hiller, Schirner
Printed by: Ren Medien GmbH, Germany

www.schirner.com

2. Auflage April 2023

// INHALT

// VORWORT

»Ich habe auf meinen Naturreisen einen Pilz kennengelernt und mit ihm ein tolles Gespräch geführt. Er hat mich viel gelehrt über Vergänglichkeit, Ewigkeit und Schönheit, und er hat mich erinnert, dass ich immer mit der Natur verbunden bin.«
Uwe, Projektmanager

»Die Natur gibt mir alles, was ich brauche, sie führt mich nach innen zu meinem Kern. Mit ihr zu leben, bringt mich in Einklang mit mir und der Welt. Ich gehe meinen Weg.«
Claudia, Controllerin

Mit diesen kleinen Eindrücken möchte ich dich zu einer Reise zu dir selbst einladen. Eine Reise, die dich darin unterstützen soll, deine Visionen zu verwirklichen, dich selbst im Kern zu verstehen und in Frieden mit dir zu sein. Oft sind wir im täglichen Leben durch unsere Gedanken bestimmt, grübeln und sorgen uns, kümmern uns um andere, werten und vergleichen uns und vergessen darüber, unserer inneren Stärke und Weisheit zu vertrauen. Mit Leichtigkeit im Kopf möchte ich mit dir gemeinsam in einen besonderen Coachingraum, die Natur, eintauchen und dir zeigen und dich erfahren lassen, dass alles da ist, was du brauchst. »Die Natur ist ein wundervoller, sanfter Coach und ein sehr klarer und liebevoller Spiegel«, sagt Jan, einer meiner Workshop-Teilnehmer*innen.

Nachdem ich viele magische Momente in der Natur mit Menschen erlebt habe, die ich durch mein Coaching begleite, kam mir die Idee zu diesem Jahresguide. Und jeder Aufenthalt unter freiem Himmel schenkt auch mir Zufriedenheit und lässt mich Zusammenhänge in meinem Leben erkennen. Ich bin der vollen Überzeugung, dass für jeden Menschen der Aufenthalt in der Natur heilsam und aufschlussreich ist. Aus der Idee ist mittlerweile ein echtes Herzensprojekt geworden. Es ist mir ein großes Anliegen, dich verstehen und spüren zu lassen, dass du im Kontakt mit der äußeren Natur viel einfacher Zugang zu deiner inneren Natur und zu deinem Kern erhältst, zu deinen Wünschen und Visionen.

Diesen Weg möchte ich mit dir gemeinsam beschreiten, indem wir zwölf Monate zusammen erleben. Es wird eine Reise durch ein ganzes Jahr, auf der du dich besser kennenlernst. In jedem Monat widmen wir uns einem besonderen Thema. Da alle Themen aufeinander aufbauen, begleite ich dich mit diesem Buch wie bei einem richtigen Coaching dabei, mehr über dich selbst und deine Wünsche herauszufinden. Zu jedem Thema gibt es auch ein theoretisches Modell, das dir das Thema auf der Verstandesebene vermittelt, sowie ganz praktische Übungen für draußen, mit denen du in der Natur Erkenntnisse für dich gewinnen und das Thema auf anderer Ebene erfahren kannst.

Ich freue mich, dass du dabei bist.

Kerstin

WER ANKOMMEN WILL, MUSS LOSGEHEN

Lass uns mit den Vorbereitungen für unsere gemeinsame Reise beginnen

Bevor du deine ganz individuelle Reise zu dir selbst antrittst, bei der du herausfindest, wo du im Leben stehst und wohin du dich bewegen möchtest, sind mir ein paar erklärende Worte wichtig. Das Besondere dieses Jahresguides ist, dass du **jederzeit beginnen** kannst und dass die Übungen und Rituale in der Natur auch **zu allen Jahreszeiten** und **bei jedem Wetter** für Selbsterkenntnis und mehr Klarheit im Leben sorgen. Wie im Naturcoaching üblich, dient die Natur dir als Ratgeber und Spiegel zugleich. Sie zeigt dir auf, welche deine nächsten Schritte beim Verwirklichen eines Projekts sein können, sie begleitet dich dabei, mehr über deine Gefühlswelt zu erfahren, und sie stärkt deinen Kontakt zu dir selbst. Dies sind nur drei Beispiele dafür, was du draußen im Coachingraum Natur alles erfahren und entdecken kannst.

Deshalb rate ich dir: Verbringe Zeit mit dir selbst, nähere dich mithilfe der Natur deinem Kern, und lerne, wie du deine Visionen für dein Leben umsetzen kannst. Dabei übernimmst allein du die Verantwortung für dich und dein Leben, und du wirst unabhängiger von den Meinungen anderer oder den Gegebenheiten im Außen.

**Du musst dich nur trauen,
dich für die Natur zu öffnen,
und ins Tun kommen.**

Als Naturcoachin habe ich über die Jahre immer wieder erleben dürfen, wie einfach und entspannt es ist, im speziellen Coachingraum der wunderbaren Natur zu den eigenen Bedürfnissen und Wünschen vorzudringen. Im Grünen kannst du dich viel leichter mit deiner Natürlichkeit verbinden. Vielleicht hast du schon einmal erlebt, dass dir plötzlich das Herz aufgeht, weil du eine wunderschöne Blume siehst, dir unerwartet ein Tier begegnet oder die Elemente dich zum Staunen bringen. In der Natur können wir uns wohl- und geborgen fühlen und werden auf uns selbst zurückgeworfen.

So funktioniert das Jahresprogramm

Ich habe für dich einen Reiseplan für ein ganzes Jahr, also zwölf Monate, entworfen, mit dessen Umsetzung du jederzeit beginnen kannst. Dieser Plan sieht vor, dass du dich jeden Monat einem neuen Thema widmest. Zu diesem Thema kannst du dich in ein theoretisches Modell vertiefen und Aufgaben und Übungen machen, die es dir erleichtern sollen, Erfahrungen zu sammeln. Am Ende des Monats ist es eine gute Idee, das Monatsthema noch einmal zu reflektieren und zu entscheiden, welche Erkenntnisse du in deinen Alltag integrieren möchtest.

Die Übungen stammen aus den Bereichen des Naturcoachings, der Wildnis- und Erlebnispädagogik und aus dem Indoor-Coaching, insbesondere der CoreDynamik. Viele Ideen sind auch in meinen Kursen und mit den Teilnehmer*innen entstanden, oder ich habe neue Übungen und Impulse selbst entwickelt. Mir ist es wichtig, diese vielen wertvollen Anregungen so weiterzugeben, dass du sie mit dem Ziel nutzen kannst, ganz bei dir selbst anzukommen. Solltest du über die Monatsaufgaben hinaus noch zusätzliche Übungen und Naturimpulse durchführen wollen, schaue am Ende des jeweiligen Kapitels nach. Dort findest du Vorschläge, mit welchen Übungen du das Thema vertiefen kannst.

Damit auch die **vier Jahreszeiten** für dich spürbar und erlebbar werden, habe ich am Ende des Buches ein Sonderkapitel mit speziellen Übungen für jeden Monat eingefügt, denn jede Jahreszeit ruft ein anderes Gefühl oder Thema in uns hervor. Diese Übungen sind kein notwendiger Bestandteil deines Jahresprogramms, sondern ein zusätzlicher Impuls zum intensiven Erleben der Natur. Du kannst deine Reise selbstverständlich jederzeit unterbrechen oder sie in deinem eigenen Tempo durchführen. Höre und vertraue dabei auf deine individuellen Bedürfnisse, und stimme deinen Reiseplan immer wieder auf sie ab.

Eine Reise zu planen und anzutreten, kennen wir üblicherweise vom Urlaub. Dabei erleben wir oft, dass es uns nicht möglich ist, alle Details der Reise ganz frei zu planen und an unsere Bedürfnisse anzupassen. Es gibt Vorgaben wie Ferienzeiten, ein bestimmtes Budget, ein Tier, das mitreist … Selten kommen wir in den Genuss, dass eine Reise vollkommen unseren eigenen Wünschen und Vorstellungen entspricht.

Bei dieser Reise aber stehst allein du im Fokus. Dir ist es überlassen, wie du sie gestaltest, welche Übungen du machst und wie lange du bei einer Übung verweilst. Du kannst deine Reise auch jederzeit unterbrechen und später an derselben oder an einer anderen Stelle wieder aufnehmen. Sollten dich Themen interessieren, die weiter hinten im Reiseplan stehen, ziehe sie vor. Bitte verstehe diesen Jahresguide als Inspiration, nicht als festes Dogma, dass allein die Natur den Schlüssel aller Lösungen bereithält. Es kann sein, dass es Übungen gibt, die dich nicht ansprechen. Lasse sie einfach weg, oder erfinde sogar neue. Wenn du die eine oder andere Übung zu Hause durchführen möchtest, fühle dich auch dabei frei, genau das zu tun. Ich empfehle dir, für deine Reise **zwei bis drei Stunden pro Woche** einzuplanen, aber auch das ist nur eine Richtlinie. Und ein paar Stunden in der Natur pro Woche sind nicht wirklich viel, stimmt's? Gestalte deine Reise so, dass sie dich zu deinem Ziel führt, und nimm dir die Zeit, die für dich richtig ist.

Ich habe versucht, den Reiseplan so zu gestalten, dass er dich jeden Monat und mit jeder Erkenntnis ein Stück näher zu dir und deinem natürlichen Kern begleitet. Da jeder individuell aufgewachsen ist, geprägt wurde durch seine Eltern, sein Umfeld und alle Erfahrungen, die er im Gepäck seines Lebens verwahrt, sind wir Menschen sehr unterschiedlich. Deshalb besteht ein Teil der Reise darin, dass du dir dein Gepäck anschaust und manches aussortierst. Denn in unserer eigenen Natürlichkeit anzukommen, bedeutet auch, etwas zurückzulassen, was wir von anderen angenommen haben und nicht mehr brauchen. Sicherlich wirst du auch mit unliebsamen Gepäckstücken weiterreisen, denn nicht immer können wir alles zu jeder Zeit loslassen. Für sie findest du vielleicht neue Strategien oder Helfer, die es dir leichter machen, sie zu tragen.

Am Anfang eines jeden Monats steht eine **Affirmation, ein selbstbejahender Satz,** der dir helfen soll, deine Gedanken umzuprogrammieren. Sollte diese Affirmation zu dir passen, schreibe sie auf einen Zettel, und hänge ihn an einen Ort, auf den du täglich schaust. Affirmationen können heilsam und wohltuend sein, wenn wir sie ganz verinnerlichen. Dafür ist es gut, wenn unser Blick oft auf sie fällt, wir sie immer wieder laut aussprechen oder uns beim Sprechen aufnehmen und den Satz regelmäßig anhören. Sollte die Affirmation nicht zu dir und deiner Situation passen, formuliere selbst einen positiven Satz, der beschreibt, wie deine Zukunft sein soll. Er kann auch etwas darüber aussagen, wie du den Weg zu deinem Ziel beschreitest. Wenn du z. B. abnehmen möchtest, kannst du sagen: »Ich esse gesunde und leichte Mahlzeiten.« Eine Affirmation zu nutzen, ist eine einfache und effektive Methode, wenn du etwas in deinem Leben ändern möchtest.

Nimm dir Zeit zum Reflektieren

Ich finde es wichtig, dass du regelmäßig deine Erlebnisse festhältst – auf die Weise, die für dich richtig ist. Eine schöne Möglichkeit ist, dir ein Notiz- oder Blankobuch zu kaufen, in dem du deine Erfahrungen niederschreiben, Bilder zeichnen oder getrocknete Blüten und Blätter einkleben kannst. Dieses Buch ist dann **dein Reisebegleiter,** dem du alles anvertrauen darfst. Etwas weniger klassisch wäre es, wenn du deine Erlebnisse in einem Blog teilst. Du siehst, deiner Kreativität sind keine Grenzen gesetzt, es muss nur zu dir passen.

Diese Art der **Dokumentation** ist ein wichtiger Teil deiner Reise und deines inneren Prozesses. Ein weiterer ist die **Reflexion.** Teilweise wirst du in den einzelnen Übungen zum Reflektieren aufgefordert. Schreibe auch am Ende eines jeden Monats auf, welche Erkenntnisse du gewonnen hast und wie du sie in dein tägliches Leben integrieren möchtest.

Manchmal geht man in diesen Prozess der Selbsterkenntnis, und im Laufe des Jahres kommt es dazu, dass sich die Themen, um die es gehen sollte, ändern. Auch dafür ist es gut, sich regelmäßig vor Augen zu führen, was sich bereits verändert hat. Mache dir dafür eine Liste mit Themen, die du bearbeiten willst, und Zielen, die du erreichen möchtest. Denke dann über jeden Punkt nach: Wie nah bist du deinem Ziel? Ist die Veränderung so, wie du sie dir vorgestellt hast? Eine ganz einfache Methode für die Reflexion ist es, wenn du nach »Daumen nach oben« für »top«, »Daumen zeigt zur Mitte« für »geht so« oder »Daumen nach unten« für »nicht gut« bewertest. Du kannst dein Thema auch von 1 für »ganz wenig« bis 10 für »ganz viel«, in Prozentangaben oder mithilfe von Farben reflektieren.

Außerdem finde ich es schön, in meinem Zuhause oder in der nahen Umgebung einen Platz zu gestalten, an dem ich **Erinnerungen** aufbewahre. Der Jahresguide ist dein roter Faden und soll dich auf deinem Weg unterstützen. Um deine Reise zu veranschaulichen, kannst du einen roten Faden z. B. auf eine Leinwand oder ein Stück Tapete kleben und alle wichtigen Erkenntnisse und Erlebnisse in Form von Bildern, Fotos oder Gedanken darauf festhalten. Der Faden kann auch an der Wand befestigt sein, und du hängst mit kleinen Wäscheklammern beschriftete Zettel, Fotos, getrocknete Blumen … für verschiedene Momente daran. Oder du machst in deinen roten Faden einen Knoten für jeden besonderen Augenblick deiner Reise. Auf diese Weise kannst du jederzeit reflektieren, welche entscheidenden Momente du erlebt hast.

Damit sich wirklich etwas in deinem Leben ändert, ist es sinnvoll, wenn du deine Erkenntnisse auch in **aktive Handlungen** umwandelst. Hast du z. B. in einer Übung erkannt, dass du dir zu wenig Raum für dich nimmst, reicht diese Erkenntnis oft nicht aus, sondern es geht dann darum, dass du dir wirklich in deinem Alltag Zeit nimmst. Dieser Schritt möchte geübt werden, denn unser Gehirn braucht bis zu drei Monate, bis es eine neue Handlung als Gewohnheit abspeichert. Wichtig dabei ist auch, dass du Freude empfindest und deine neue Handlung als sinnvoll ansiehst.

Ich empfehle dir, deine Erkenntnisse in irgendeiner Form in dir zu ankern, sodass du sie immer wieder abrufen kannst. Dieses **Ankern** kann sehr unterschiedlich aussehen. Wenn du dir mehr Zeit für dich nehmen willst, dann spüre einmal nach, wie sich dein Körper beim Entdecken dieser Erkenntnis angefühlt hat. Finde eine Körperhaltung, oder lege deine Hand an eine Stelle deines Körpers, die mit diesem Gefühl zusammenhängt. Vielleicht reicht es dir im Alltag schon aus, diese Haltung immer wieder einzunehmen, um dich an deinen Wunsch zu erinnern und dir Zeit zu nehmen. Du kannst genauso gut eine hilfreiche Affirmation als Anker finden, die du jeden Tag über mindestens drei Wochen wiederholst.

Auch die Natur hält viele Anker für dich bereit. Eine Muschel kann dich motivieren, dir eine Auszeit zu nehmen, ein vertrocknetes Blatt erinnert dich vielleicht daran, dich ausreichend mit Flüssigkeit und gesundem Essen zu versorgen. Wenn du am Ende einer Übung oder am Abend eine Reflexion durchführst, überlege dir direkt, wie du deine Erkenntnisse in dir ankern willst und im Alltag zu Gewohnheiten werden lässt.

Feiere und würdige das, was du schon erreicht hast

Nach sechs Monaten kannst du ein kleines **Bergfest** feiern, zu dem du Menschen einlädst, die dir wichtig sind. Oder du zeigst anderen deine Lieblingsplätze in der Natur und erzählst ihnen etwas von der bisherigen Reise. Solch ein Austausch kann dich beflügeln oder inspirieren, z. B. dazu, deine Themen zu ändern. Das Mitteilen vor Zeugen hat eine besondere Wirkkraft, die du für dich nutzen kannst. Auch am Ende deiner Reise ist ein idealer Zeitpunkt, ein solches Fest zu veranstalten, in das du dein Abschlussritual (siehe S. 175) integrierst.

Bevor es losgeht, möchte ich dir noch **eine kleine Materialliste** an die Hand geben, damit du gut für deine Ausflüge in die Natur vorbereitet bist. Selbstverständlich solltest du dich immer dem Wetter und der Jahreszeit entsprechend anziehen und geeignete Schuhe tragen. Ideal ist ein Rucksack, in dem sich folgende Dinge befinden:

// MATERIALLISTE

- eine Sitzunterlage, eine Decke, eventuell eine Hängematte
- Schreib- und Malsachen und dein Notizbuch
- eine Zeckenkarte und eine kleine Erste-Hilfe-Tasche
- eine Trinkflasche oder Thermoskanne und ausreichend zum Trinken
- Energieriegel oder etwas Obst für den Energieschub
- ein Säckchen, um etwas darin zu verstauen, und Schnur, um etwas zu bündeln oder etwas zu markieren
- ein Fotoapparat oder ein Smartphone
- ein Kompass
- ein kleiner Spiegel (für die Übung auf S. 54)
- Sonnenschutzcreme

1. MONAT: Aufbruch

Affirmation:

»An jedem Tag kann ich neu entscheiden, wohin mein Weg mich führt.«

Bist du bereit, deine Reise zu dir selbst anzutreten? Aufzubrechen und dich für deinen ganz eigenen Weg zu entscheiden? Dieser erste Schritt ist für dich vielleicht ungewohnt, denn er bedeutet, dass du aus tiefstem Herzen Ja zu dir und deinem Weg sagst und an einer anderen Stelle vielleicht auch ein Nein aussprichst. Je klarer du dich für dein Vorhaben entscheidest, desto weniger wirst du auf Widerstände im Außen stoßen.

Führe dir vor Augen, wie wichtig es ist, dass du mit dir und deinem Leben glücklich und zufrieden bist. Diese Zufriedenheit wirkt sich in jedem Fall auch positiv auf andere in deinem Umfeld aus. Vielleicht hast du es schon einmal selbst erlebt, dass du einem glücklichen Menschen begegnet bist und seine positive Stimmung auf dich übergeschwappt ist.

Dann kann es jetzt losgehen – unabhängig von Tag und Datum. Im ersten Monat geht es darum, dass du deinen besonderen Platz in der Natur findest. An deinem Kraftplatz kannst du einen Brief an dich schreiben, und anhand des ersten theoretischen Modells und der Übungen lernst du dich besser verstehen.

Schaue dir zunächst die Übungen auf den folgenden Seiten an, und entscheide intuitiv, mit welcher du starten möchtest. Du kannst natürlich auch zuerst einen Brief an dich schreiben, bevor du deinen Kraftplatz in der Natur findest. Beides ist gleich gut. Vielleicht interessieren dich aber auch die anderen Übungen, oder du möchtest dich mit dem theoretischen Modell beschäftigen. All das liegt in deiner Hand, und das gilt auch für die folgenden Monate. **Du bist der*die Gestalter*in deiner Reise.**

// MEIN KRAFTPLATZ

THEMA: der eigene Wohlfühlort

WIRKUNG: zur Ruhe kommen, Freude empfinden

DAUER: 60 Minuten, gern auch länger

MATERIAL: Notizbuch oder Papier und Stifte, eine Sitzunterlage, eine Decke, evtl. eine Hängematte

ORT: da, wo es sich kraftvoll und gut anfühlt, im besten Fall ist der Ort nicht zu weit weg

Bereits beim Aufbruch zu deinem persönlichen Kraftplatz kannst du etwas über dich lernen. Dazu möchte ich dir einige Impulsfragen mitgeben:

» Planst du deinen ersten Naturaufenthalt in allen Details, oder gehst du spontan los?
» Hast du bereits einen festen Ort im Kopf, oder lässt du dich überraschen?
» Brichst du in freudiger Erwartung auf, oder musst du deinen inneren Schweinehund überwinden?
» Würdest du am liebsten eine andere Person mitnehmen, oder genießt du das Alleinsein?
» Bist du mit allen Materialien ausgestattet, oder brichst du ohne Gepäck auf?

Wenn du möchtest, denke über diese Frage nach, während du in der Natur unterwegs bist. Es gibt bei den Antworten kein Falsch oder Richtig, es geht nur darum, dass du dich reflektierst und erkennst, wie wohl du dich mit dir und deinen Entscheidungen fühlst. Wenn du deinen Kraftplatz gefunden hast, kannst du dort die Antworten auch in deinem Notizbuch festhalten.

In der Natur finden sich viele kraftvolle Plätze, und in einem ersten Schritt geht es darum, dass du herausfindest, an welchem Ort du dich besonders stark und lebendig fühlst. Dabei kannst du dich z. B. an den Elementen Erde, Feuer, Wasser und Luft orientieren. Mit welchem Element in deiner Nähe geht es dir gut? Du kannst dich auch von einem Ort anziehen lassen und erst dort entdecken, was ihn so besonders für dich macht und warum du dich an ihm kraftvoll und lebendig fühlst. An deinem Kraftplatz fühlst du dich sofort wohl, empfindest eine innige Freude und kannst tief durchatmen. An ihm möchtest du normalerweise etwas länger verweilen, denn er lädt dich geradezu zum Bleiben ein. Ist dein Ort vielleicht ein Berg, der dir einen guten Überblick bietet? Sind es bestimmte Farben und Formen, die dir guttun? Brauchst du viele Bäume um dich herum oder eher die Weite?

Beginne die Übung, indem du auf eine Entdeckungstour gehst und die Quelle deiner Kraft ausfindig machst. Lasse dich überraschen, was dir begegnet. Wenn du deinen besonderen Ort gefunden hast, lasse alles auf dich wirken, und versuche, ihn mit allen Sinnen zu erfassen und zu erforschen. Was spiegelt dir die Natur dort? Ist der Platz groß oder klein, aufgeräumt oder durcheinander? Ist es hell oder dunkel? Welche Tiere begegnen dir, und welche Geräusche fesseln dich? Wo kannst du gut sitzen, und was siehst du?

Schreibe alle wichtigen Erkenntnisse in deinem Notizbuch auf. Du kannst auch ein Bild von deinem Kraftort zeichnen und es in deinem Zuhause aufhängen. Spüre, wann du das Gefühl hast, wieder aufbrechen zu wollen. Bedanke dich bei deinem Kraftplatz, und tritt deinen Heimweg an.

Es ist großartig, wenn du einen Platz in der Natur gefunden hast, der dich stärkt und in Frieden kommen lässt. Ihn solltest du mindestens einmal in der Woche aufsuchen. Genieße deinen Platz, entspanne dich dort, schreibe dein Tagebuch, meditiere, oder nimm die Natur und ihre Veränderung einfach wahr, ohne etwas zu tun.

MODELL: Abenteurer*in oder Hüter*in des Feuers? Herdentier oder Einzelgänger*in?

Dieses erste theoretische Modell passt gut zu den Impulsfragen am Anfang der Übung »Mein Kraftplatz«, denn jede*r Leser*in startet die Reise zu sich selbst sehr unterschiedlich. Generell ist es so: Je besser du dich selbst kennst, desto leichter fällt es dir, zu erkennen, welche Motive andere Menschen bewegen.
Dieses Modell orientiert sich am Riemann-Thomann-Modell, das die Grundbestrebungen und -bedürfnisse von Menschen in vier Typen einteilt und vom Psychoanalytiker, Psychologen und Psychotherapeuten Fritz Riemann sowie dem Psychologen Christoph Thomann entwickelt wurde. Es gibt den Nähe-Typ (ich bezeichne ihn als Herdentier), den Distanz-Typ (bei mir der*die Einzelgänger*in), den Dauer-Typ (der*die Hüter*in des Feuers) und den Wechsel-Typ (der*die Abenteurer*in).

Unter dem Nähe-Typ, dem Herdentier, verstehen Riemann und Thomann Menschen, für die das Zusammensein mit anderen von großer Bedeutung ist. Herdentiere sind gern gesellig, in der Regel teamorientiert, ausgleichend und verständnisvoll und können sich dabei durchaus auch einmal vergessen. Das Gegenteil davon finden wir im Distanz-Typ, dem*der Einzelgänger*in. Diese Menschen genießen das

Alleinsein und brauchen es auch immer wieder. Sie sind sehr eigenständig, vernünftig und rational in Denken und Handeln.
Bei dem Wechsel-Typ, dem*der Abenteurer*in, handelt es sich um Menschen, die gern Abwechslung im Leben haben. Sie besuchen immer wieder andere Urlaubsorte, nehmen neue Arbeitsstellen an oder ziehen öfter um. Sie lieben den Genuss, sind leidenschaftlich und sehr ideenreich. Das Gegenteil davon sehen wir im Dauer-Typ, dem*der Hüter*in des Feuers. Dieser Schlag von Menschen liebt es, an einem Urlaubsort zu sein, an dem er bereits den besten Bäcker kennt oder weiß, wo es eine gute Pizza gibt. Er liebt feste Rituale und wechselt nicht so schnell seinen Job oder die Wohnung. Dauer-Typen sind zuverlässig, geben Stabilität und übernehmen gern die Verantwortung.

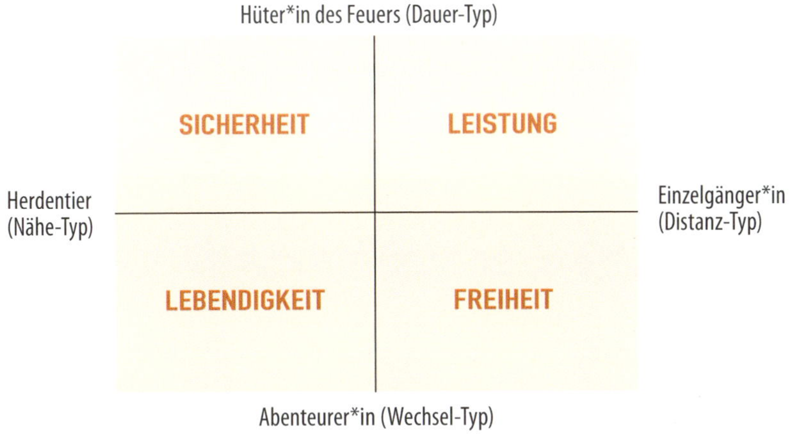

Abbildung: Das angepasste Riemann-Thomann-Modell

Wenn man die Gegensatzpaare gegenüberstellt und durch Striche verbindet (siehe Abbildung), ergeben sich vier Felder zwischen den Typen. In diesen Feldern verbergen sich die vier Grundthemen, die uns Menschen antreiben: Freiheit, Lebendigkeit, Sicherheit und Leistung. Ein Dauer-Typ, der auch die Nähe sucht, hat als Grundmotivation die Sicherheit. Ein Dauer-Typ, der gern allein ist, ist in der Regel ein Leistungsmensch. Dem Wechsel-Typ, der zum Alleinsein tendiert, ist die Freiheit wichtig. Sucht dieser Typ eher die Nähe zu anderen, ist sein Grundthema die Lebendigkeit.

Diese Informationen sollen dir einen kleinen Einblick in das Modell geben und dir dabei helfen, dich selbst und andere Menschen besser zu verstehen. Wechsel-Typen, die die Freiheit lieben, und Dauer-Typen, die leistungsorientiert sind, haben in so einigen Bereichen sicherlich Schwierigkeiten in der Zusammenarbeit. Wir können aber auch von der Andersartigkeit profitieren. So können Menschen, die eher im Feld der Sicherheit verortet sind, sich inspiriert fühlen durch die Lebendigkeit, die sie in ihrem Umfeld erfahren. Je bewusster wir uns dieser Unterschiede sind, desto verständnisvoller und leichter kann das gemeinsame Miteinander sein.

Falls du dich intensiver damit beschäftigen möchtest, empfehle ich dir das Buch »Das Quartett der Persönlichkeiten. Das Riemann-Thomann-Modell in Beziehungen und Konflikten« von Nico H. Fleisch.

// WELCHER TYP BIN ICH?

THEMA: Selbsterkenntnis

WIRKUNG: größeres Verständnis für sich und andere entwickeln

DAUER: 60 Minuten, gern auch länger

MATERIAL: Notizbuch oder Papier und Stifte

ORT: überall

Bevor du mit der Übung beginnst, übertrage das Modell von S. 23 in dein Notizbuch oder auf das Papier, das du mitnimmst. Dann gehe hinaus in die Natur, und finde vier Gegenstände, die dich an die verschiedenen Typen aus dem Modell erinnern (Nähe-Typ = Herdentier, Distanz-Typ = Einzelgänger*in, Wechsel-Typ = Abenteurer*in, Dauer-Typ = Hüter*in des Feuers). Lege alle Gegenstände so um dich herum, dass sich in jeder Himmelsrichtung ein Gegenstand befindet. Herdentier und Einzelgänger*in sollen sich gegenüberliegen, genauso wie Abenteurer*in und Hüter*in des Feuers.

Entscheide dich dann, mit welchem Gegensatzpaar du beginnen willst. Gehe langsam zu einem dieser Plätze, und versuche, bereits beim Gehen über deinen Körper zu erspüren, wie sich deine Verbindung mit diesem Typ anfühlt. Nimm dann den Gegenstand, den du als Stellvertreter gefunden hast, in die Hände, schließe die Augen, und erfahre den Gegenstand mit deinen Sinnen. Ertaste ihn, rieche daran, und schaue ihn genau an. Welche Gedanken und Gefühle kannst du wahrnehmen? Was hat das Thema, das sich hinter dem Gegenstand verbirgt, mit dir zu tun? Wie fühlt es sich an, auf diesem Platz zu stehen? Spüre über deinen Körper, zu welchem Teil des Gegensatzpaares es dich stärker hinzieht. Lege den Gegenstand wieder zurück, verweile noch etwas an diesem Platz, und beobachte dich dabei wie aus der Vogelperspektive. Was fühlst du an diesem Ort? Wie ist deine Atmung, und was würdest du am liebsten tun? Tauchen Bilder auf, oder erinnerst du dich an bestimmte Ereignisse?

Gehe nun wie in Zeitlupe auf die gegenüberliegende Seite, zum anderen Typ des Gegensatzpaares. Wie fühlt es sich an, sich diesem Typ zu nähern? Kannst du über deinen Körper einen Unterschied wahrnehmen? Was siehst oder hörst du in der Natur? Nimm auch hier wieder den Gegenstand in die Hände, und erfahre ihn mit deinen Sinnen. Nimm dir alle Zeit, die du brauchst, lege den Gegenstand wieder zurück, und verweile an diesem Platz. Lasse wieder Bilder oder Erinnerungen in dir aufsteigen. Dann pendle zwischen beiden Polen, und finde heraus, an welchem Platz du dich am wohlsten fühlst. Höre auf dein Bauchgefühl. Gibt es eine Stelle auf der gedachten Verbindungslinie zwischen den Polen, an der dir dein Körper signalisiert, dass er dort ganz bei sich ist? Markiere diese Stelle mit einem Gegenstand aus der Natur, und übertrage sie auch in deine Zeichnung des Modells.

Nun wiederhole diesen Ablauf mit dem anderen Gegensatzpaar. Auch bei diesem Schritt ist es wichtig, dass du zu einer Stelle auf der gedachten Verbindungslinie zwischen den Polen findest, sie mit einem anderen Gegenstand markierst und in die Zeichnung überträgst. Als Nächstes markiere den Punkt, an dem sich die beiden Stellen in einem der Felder treffen. Dieser Punkt zeigt dir deinen neuen Platz an. Aus der Zeichnung kannst du auch ablesen, welches Thema sich in diesem Feld verbirgt. Solltest du z. B. eher ein*e Abenteurer*in sein und zum*zur Einzelgänger*in neigen, ist dein Thema vermutlich die Freiheit.

Stelle dich auch in der Natur auf diesen neuen Platz, den du über die Zeichnung gefunden hast, und schaue, was er in dir auslöst. Was siehst und hörst du dort? Wie fühlt es sich körperlich an, wenn du dich ganz mit dem Thema hinter dem Platz verbindest? Empfindest du dich als z. B. freiheitsliebenden Menschen? Oder wärst du lieber im Feld der Lebendigkeit gelandet? Welches Feld fühlt sich für dich ebenfalls vertraut an? Möchtest du dich auch dort einmal hinstellen? Welches der vier Felder möchtest du stärker beleben, und was kannst du dafür tun?

Überlege z. B., welche kleinen Schritte der Veränderung du vornehmen kannst, um aus der Sicherheit stärker in die Lebendigkeit zu kommen. Vielleicht ist es für dich hilfreich, feste Rituale aufzulösen und sie durch neue zu ersetzen. So kann bereits der Verzicht auf den Fahrstuhl in dir ein lebendiges Gefühl auslösen. An dieser Stelle möchte ich dich dazu ermuntern, neu gefundene Rituale über mindestens drei Wochen zu üben, damit sie nicht als einmaliges Ereignis wieder in Vergessenheit geraten.

Schreibe oder zeichne deine Erkenntnisse auch in dein Notizbuch, oder teile sie mit anderen. Überlege dir auch, wie du ganz spielerisch von einem Feld in ein anderes kommen kannst. Vielleicht helfen dir dabei Affirmationen oder Körperhaltungen, um deine Erkenntnisse oder dein Gefühl zu ankern, sodass du sie im Alltag jederzeit abrufen kannst. Auch diese Sätze oder Körperhaltungen solltest du drei Wochen lang täglich wiederholen.

Das Ergebnis dieser Übung stellt immer nur eine Momentaufnahme dar, und natürlich kann sich das Grundthema je nach Lebenssituation auch ändern. In der Regel fühlen wir uns in zwei oder drei Feldern beheimatet, da es sicherlich Lebensbereiche gibt, in denen wir uns z. B. eher wechselhaft empfinden oder mehr Nähe zulassen können als in anderen. Wiederhole die Übung in regelmäßigen Abständen, und zeichne deine neuen Plätze mit unterschiedlich farbigen Stiften in dein Notizbuch ein. Auf diese Weise kannst du gut erkennen, wie du dich veränderst.

Dieses Modell soll dir helfen, dich und andere mit ihren Ängsten und Bedürfnissen besser zu verstehen. Aus meiner Erfahrung kann ich sagen, dass die Menschen, die sich ähnlich beheimatet fühlen, oft ein gutes Verständnis füreinander haben. So haben z. B. Menschen mit dem Fokus auf Leistung andere Ansichten und Verhaltensweisen als die, die sich gern lebendig fühlen. Vielleicht möchtest du dieses Modell ja auch für einen tieferen Blick auf deine Familie oder deinen Arbeitsbereich nutzen.

// WAS WILL ICH?

THEMA: Kennenlernen der eigenen Wünsche

WIRKUNG: einen Wunsch umsetzen

DAUER: 30 Minuten, gern auch länger

MATERIAL: Notizbuch oder Papier und Stifte, eine Sitzunterlage

ORT: der eigene Kraftplatz oder ein anderer inspirierender Ort

Mache es dir an einem Ort, der dich inspiriert, bequem, und schaue zunächst, was du brauchst, um dich in der Natur wohlzufühlen. Stelle dir dann die Frage: »Was will ich?«, und schreibe deine Antwort auf. Stelle dir diese Frage so lange, bis du das Gefühl hast, dass dir keine Antworten mehr einfallen. Mache dann trotzdem weiter, auch wenn es mit dem Antworten etwas länger dauert. Schaue dir deine Umgebung genauer an, und lasse dich durch die verschiedenen Bilder, Bäume und Pflanzen zu weiteren Antworten inspirieren. Versuche, die Übung mindestens zehn Minuten lang durchzuführen, und halte deine Antworten knapp, damit du sie gut aufschreiben kannst. Antworte aus dem Bauch heraus, und notiere auch das, was dir unlogisch oder nicht so wichtig erscheint. Die Palette an Antworten kann sehr groß sein und kleine Wünsche enthalten, z. B. etwas pflanzen, einen Kaffee im Bett trinken. Aber auch größere oder eher außergewöhnliche Ziele finden den Weg ins Bewusstsein, z. B. im Alter noch einmal studieren, ein Graffiti sprayen. Wichtig ist, dass du deine Antworten fließen lässt, ohne über sie nachzudenken.

Als Nächstes geht es um die Priorisierung. Welche Antworten sind dir am wichtigsten, wo zieht es dich am meisten hin? Beschränke dich auf die zehn wichtigsten Wünsche, alle anderen kannst du streichen. Berücksichtige dabei nur die Ziele, für deren Erreichen du selbst etwas tun kannst.

Überlege dir als Nächstes, was du konkret machen kannst, damit sich einer deiner zehn Wünsche erfüllt. Denke dabei in kleinen Schritten, dann fällt es dir sicherlich leichter, etwas zu finden. Schreibe die konkreten Schritte in dein Notizbuch, überlege dir, wann du mit dem Umsetzen beginnst, und folge deinem Plan in der nächsten Zeit. Resümiere am Ende des Monats, was sich für dich geändert hat, und halte auch das schriftlich fest, oder erzähle es einem Herzensmenschen. Nimm dir nach und nach auch die anderen neun Wünsche vor, und bringe auf diese Weise Erfüllung in dein Leben.

// BRIEF AN MICH

THEMA: Selbstreflexion

WIRKUNG: sich selbst zuhören, Veränderungen einleiten

DAUER: 30 Minuten, gern auch länger

MATERIAL: Notizbuch oder Papier und Stifte, eine Sitzunterlage

ORT: der eigene Kraftplatz oder ein anderer Ort, an dem du nicht abgelenkt wirst

Dieser Brief ist eine Botschaft an dich selbst. Ihn zu schreiben, ist wie ein Startsignal, ein Versprechen, eine Unterstützung und ein Festhalten von dem, was du gerade denkst und fühlst, was dich beschäftigt. Einen Brief an sich selbst zu richten, ist für die meisten Menschen eher ungewöhnlich und dadurch sehr besonders. Suche für diese Übung einen Platz auf, der dich ganz zur Ruhe kommen lässt und dich nicht zu sehr ablenkt. Auch eine bequeme Sitzposition unterstützt den Fluss der Worte. Als Alternative zum Schreiben kannst du auch eine Sprachnachricht an dich aufnehmen. Das ist ideal für dich, wenn du generell lieber in Bewegung bist.

»Was will ich?« war die zentrale Frage in der letzten Übung, und deine Antworten und Wünsche können in den Brief an dich mit einfließen. Die folgenden Fragen sollen dir als Anregung für deinen Brief dienen:

» Welcher Tag ist heute? Verbindest du mit ihm etwas Besonderes?
» Wie sieht deine familiäre Situation aus?
» Wie geht es dir in deinem beruflichen Alltag?
» Warum hast du mit der Reise zu dir selbst begonnen?
» Welches Thema beschäftigt dich am meisten?
» Von wem erhältst du Unterstützung in diesem Erkenntnisprozess?
» Was wünschst du dir am sehnlichsten?
» Was nervt dich gerade am meisten?
» Was verletzt dich?
» Was ist deine Leidenschaft?
» Was möchtest du in deinem Leben verändern?
» Welches Ziel möchtest du innerhalb der nächsten elf Monate erreichen?

Sicherlich findest du auch andere Fragen oder Themen, die dir jetzt am Anfang der Reise wichtig sind. Falls du bereits die Übung »Mein Kraftplatz« gemacht hast oder dich dem Theoriemodell gewidmet hast, kannst du auch diese Erfahrungen einfließen lassen. Wenn du den Brief zum Ende des Monats schreibst, ist er ideal, um in ihm ein Fazit deiner bisherigen Entwicklungsreise zu ziehen. Es ist sicherlich hilfreich, am Ende des Monats noch einmal Revue passieren zu lassen, was du gelernt hast und in den Alltag mitnimmst. Lenke dabei deine Aufmerksamkeit vor allem auf die positive Entwicklung in dir. Du kannst stolz auf dich sein, auf deinen Aufbruch und jeden Moment, den du dich mit dir selbst beschäftigt hast. Oft ist genau das eine große Herausforderung, die es erst einmal zu bewältigen gilt. Bei der Rückschau kannst du dich von folgenden Fragen inspirieren lassen:

» Was hast du bereits über dich gelernt?
» Was ist dir im ersten Monat gut gelungen?
» Was hat dir Freude bereitet?
» Was möchtest du vielleicht auch in den nächsten Monaten weiter fortführen?
» Was willst du loslassen?
» Gibt es etwas, was du mit einem anderen Menschen teilen möchtest?

Lasse dir für das Verfassen dieses Briefes alle Zeit der Welt. Der Brief ist ein Geschenk und ein Zeichen der Wertschätzung an dich. Verwahre ihn gut, und nimm dir nach sechs Monaten den Raum, ihn zu lesen. Du kannst ihn auch einem anderen Menschen übergeben und darum bitten, dass der Brief dich nach sechs Monaten wieder erreicht.

Nachdem du den Brief geschrieben hast, kannst du dir selbst noch ein Abschlussbild in der Natur schenken. Stelle dich dafür an einen geeigneten Platz, schließe deine Augen, und drehe dich dreimal um dich selbst. Entscheide dich für eine Kopfhaltung, also Blick nach unten, nach vorn, zu einer Seite oder nach oben, und öffne dann die Augen. Das Bild, das du nun siehst, kann stellvertretend für dein Jahr stehen oder dir als Inspiration für deine Ziele und Wünsche dienen.

// MONATSAUFGABE:
Meinen Kraftplatz aufsuchen

Im ersten Monat geht es vor allem darum, dass du deinen Kontakt zur Natur stärkst und lernst, dir Auszeiten zu nehmen. Die Aufgabe für diesen Monat ist also: Suche deinen Kraftplatz auf, und verweile so oft wie möglich an ihm. Nimm dir Zeit für dich, und vertraue dich deinem besonderen Ort an. Du kannst die Zeit dort so verbringen, wie es für dich am besten ist. Vielleicht möchtest du dich in eine Hängematte legen und ein Buch lesen oder meditieren. Nutze auch immer einige Minuten, um die Schönheit der Natur zu bestaunen oder dich im Nichtstun zu üben.

Solltest du noch weitere Übungen in der Natur machen wollen, die zu diesem Monat passen, empfehle ich dir Übung 16: »Den leeren Raum füllen – wer bin ich?« und Übung 68: »Meditatives Gehen – mit Veränderung des Blickfeldes« aus meinem Buch »Coachingraum Natur«.

2. MONAT:

Mein Standort – Überblick über meine Themen

Affirmation:

»Meine Energie nutze ich für mein Wohlbefinden.«

Du hast den Start gemeistert und deine Reise angetreten. Darauf kannst du stolz sein, denn der erste Schritt ist oft der schwierigste. In diesem Monat wollen wir gemeinsam herausfinden, welche Themen dich begleiten und besonders beschäftigen. Dabei sind die verschiedenen Lebensbereiche, in denen du dich bewegst, sehr bedeutsam, denn jeder von ihnen belebt, erfreut, stresst, fordert … dich in unterschiedlicher Weise. Wenn du alle deine Lebensbereiche zusammenfasst, ergibt sich daraus deine individuelle Lebenslandkarte.

In der ersten Übung möchte ich dich dazu einladen, deine Lebenslandkarte zu erforschen. Mit diesem Wissen kannst du intensiver in dein Leben eintauchen, deine verschiedenen Rollen, die du jeden Tag einnimmst, erkennen und dich selbst noch besser verstehen.

Daher findest du in diesem Monat zunächst diese Übung, in der du deine Lebenslandkarte erstellst, und erst danach das Theoriemodell zu den verschiedenen Rollen in deinem Leben und zu deinem Inneren Team. In weiteren Übungen wirst du mit diesem Wissen im Gepäck tiefer in dein Inneres vordringen. Fühle dich wie immer frei, selbst zu entscheiden, in welcher Reihenfolge du die Übungen durchführen möchtest.

In diesem Monat beleuchten wir die Verbindung zwischen deiner Biografie, der Rollen, die du einnimmst, deiner Lebenslandkarte und deiner Lebensenergie. Alle diese vier Bereiche sind miteinander verbunden und beeinflussen sich gegenseitig. Beantworte zum Einstieg in diesen Themenkomplex die folgenden Fragen. Dies kannst du wieder schriftlich in deinem Notizbuch tun.

» Welche Lebensthemen bringst du aus deiner Biografie mit?
» Was war entscheidend dafür, dass du zu dem Menschen geworden bist, der du jetzt bist?
» Welche unterschiedlichen Rollen füllst du tagtäglich aus?
» In welche Bereiche fließt deine Energie jeden Tag am meisten? Bist du damit einverstanden?

Am Ende des Monats wirst du dein Inneres Team bzw. deine täglichen Rollen besser kennen und wissen, welche Bereiche dir in deiner Lebenslandkarte wichtig sind. Auf diese Weise kannst du den Fluss deiner Lebensenergie verändern.

Abbildung: Ein Beispiel einer Lebenslandkarte

// MEINE LEBENSLANDKARTE

THEMA: Erkunden der eigenen Lebenslandkarte

WIRKUNG: sich selbst besser verstehen und akzeptieren

DAUER: 90–120 Minuten, gern auch länger

MATERIAL: Notizbuch oder Papier und Stifte, eine Sitzunterlage

ORT: verschiedene Landschaften

Im ersten Monat hast du dir einen Kraftplatz gesucht, der nun Teil deiner Lebenslandkarte ist. In ihr findest du aber auch andere Bereiche, die es zu erkennen und zu erforschen gilt. Denke vor der Übung darüber nach, welche Gegend dich besonders dabei inspirieren könnte, deine Lebenslandkarte zu erkunden. Es sollte ein Ort sein, an dem die Landschaft sehr abwechslungsreich ist. So wird der Wald vermutlich eine andere Erinnerung in dir wachrufen als der Gipfel eines Berges. Wenn die verschiedenen Landschaften zu weit voneinander entfernt liegen, kannst du die Übung auch an mehreren Tagen durchführen.

Gehe los, und stelle dir vor, wie du über die verschiedenen Landschaften deine eigene Lebenslandkarte entdeckst und erforschst. Wandere so lange, bis du ein Bild oder einen Ort gefunden hast, der dich berührt und an einen deiner Lebensbereiche erinnert. Mache es dir dort bequem, und schaue dich um. Was berührt dich hier? An welches Bild wirst du erinnert? Welches Gefühl hast du? Überlege, welche Form dieser Bereich hat und wie groß er sein soll. Zeichne ihn dann als Teil deiner Lebenslandkarte in dein Notizbuch.

Versuche, ein bis drei wertschätzende Sätze zu finden, die dir in diesem Lebensbereich wichtig erscheinen. Ein Satz zu dem Lebensbereich deiner Familie kann z. B. lauten: »Meine Familie ist in jeder Situation mein Fels in der Brandung.« Überlege auch, ob dir Sätze einfallen, die dir nicht guttun. So findest du im Bereich »Kindheit« neben den aufmunternden und wertschätzenden

Sätzen deiner Eltern vielleicht auch Aussagen, die dich gebremst und deine Selbstentfaltung blockiert haben. Diese Sätze prägen uns, und es ist hilfreich, sie sich bewusst zu machen. Solltest du einen solchen finden, wandle ihn in eine positive Aussage um. »Das schaffst du nicht« könnte dann lauten: »Ich erreiche alles, was ich mir vornehme!« Auch in anderen Lebensbereichen findest du vermutlich Sätze, die dich begleiten. Schreibe alle auf, die du weiterhin mitnehmen möchtest, und verändere die, die dich auf deinem Lebensweg hemmen.

Ziehe so von Ort zu Ort, erkunde die verschiedenen Lebensbereiche, und halte alles fest, was dir für dein Leben wichtig erscheint. Im Laufe der Übung erstellst du deine ganz eigene Lebenslandkarte, die du nach deinen Wünschen gestalten darfst. Du kannst sie in den nächsten Monaten immer wieder verändern oder erweitern. Da die einzelnen Bereiche jeweils an einen Ort gekoppelt sind, ist es auch hilfreich, diesen gezielt aufzusuchen, um weiter zu forschen oder den Bereich zu stärken.

MODELL: Das Innere Team

Das Persönlichkeitsmodell »Inneres Team« stammt von dem Psychologen Friedemann Schulz von Thun. Er fand heraus, dass jede Verhaltensweise auf einem inneren Prozess basiert, der durch das Vorhandensein verschiedener Persönlichkeitsanteile in uns ausgelöst wird. Schulz von Thun bezeichnet diese Anteile metaphorisch als Inneres Team mit Teamleiter*in. In Momenten, in denen du dich selbst reflektierst, kann das Wissen um dein eigenes Inneres Team sehr hilfreich sein. Die einzelnen Teammitglieder sind dabei unterschiedlich stark spürbar. Während eine Stimme deutlich zu vernehmen ist, äußern sich andere Anteile vielleicht in Form von Gefühlen oder Körpersignalen. Alle zusammen spiegeln die Lebenserfahrungen des Menschen wider, und unter ihnen gibt es auch eine Gruppendynamik.
Das übergeordnete Ich bezeichnet Schulz von Thun als Teamleiter*in. Es ist also eine Instanz, die alles zusammenhält, den Vorschlägen der

Stimmen folgt oder das letzte Wort hat. Bei wichtigen Ereignissen, großen und kleinen Entscheidungen, Konflikten … ist es gut, sein Inneres Team zu befragen. Das kannst du tun, indem du dich nacheinander in die einzelnen Teammitglieder hineinversetzt und dir immer wieder dein Thema vor Augen führst. Vermutlich wird es sich körperlich bei jedem Teammitglied anders anfühlen, und auch die Meinung zum Thema wird aus verschiedenen Perspektiven anders sein. Je besser dieser innere Dialog und die Wahrnehmung der einzelnen Stimmen funktionieren, desto zufriedener erleben wir uns in unserem Leben.

Um diesen inneren Prozess zu verstehen, kannst du dir eine Situation in Erinnerung rufen, in der du in dir verschiedene Stimmen vernommen hast, die unterschiedlicher Meinung waren. Diese Stimmen sind nicht im Sinne einer multiplen Persönlichkeit zu verstehen, sondern sie stehen für verschiedene innere Aspekte. So möchte z. B. ein Anteil von uns abends einfach entspannt auf dem Sofa liegen, während ein anderer lieber für eine bevorstehende Prüfung lernen will. Die folgende Übung unterstützt dich dabei, dein Inneres Team zu erforschen. Je genauer du dein Team kennst, desto klarer wirst du Entscheidungen treffen oder besser nach der Erfüllung deiner Bedürfnisse streben können.

// MEIN INNERES TEAM

THEMA: Erforschen des eigenen Inneren Teams

WIRKUNG: sich selbst besser kennenlernen, leichter Entscheidungen treffen

DAUER: 60–90 Minuten

MATERIAL: Karten zum Beschriften, Notizbuch oder Papier und Stifte, ein Fotoapparat oder ein Smartphone

ORT: zunächst eine schöne Wegstrecke und dann ein ruhiger Platz

Vielleicht wirst du bei dieser Übung feststellen, dass dir deine Lebenslandkarte als Inspiration dient. Das Entdecken des Inneren Teams kann ein längerer Prozess sein, der heute beginnt und dich vermutlich dein Leben lang begleitet.

Gehe zuerst eine schöne Wegstrecke, und versuche dabei, dich von allen Erwartungen freizumachen. Beobachte dich und die Natur, und sammle alle Gegenstände ein, die dich auf diesem Weg ansprechen. Es kann neben Naturgegenständen auch Künstliches sein. Du musst jetzt noch nicht verstehen, wofür was steht. Es können auch Ausblicke sein, die dich fesseln. Mache entweder ein Foto, oder zeichne das Bild in dein Notizbuch. Sammle so viel ein, wie es sich für dich stimmig anfühlt.

Mache es dir als Nächstes an einem ruhigen Ort bequem, und lege dein Schreibzeug bereit. Komme ganz bei dir selbst an, z. B. durch Meditieren oder Atmen. Vielleicht willst du auch einfach eine Weile die Natur beobachten.

Lege dann alle Gegenstände um dich herum, sieh dir die Bilder an, und lasse sie auf dich wirken. Nimm einen Gegenstand in die Hände, und schaue, ob er dich in irgendeiner Form anspricht. Überlege dir, warum du auf ihn reagierst und welchem inneren Teil von dir der Gegenstand entsprechen könnte. Schreibe deine Gedanken und Ideen auf. Erforsche auf diese Weise nach und nach deine inneren Anteile, und benenne sie, so gut es geht. Vielleicht inspiriert dich die folgende kleine Auswahl beim Entdecken deines Inneren Teams: der*die: Beschützer*in, Naturbegeisterte, Friedfertige, Närr*in, Musiker*in, Kreative, Gerechte, Fürsorgliche, Romantiker*in, Macher*in, Intelligente, bunte Fee, Fels in der Brandung, Amazone, Kämpfer*in, Prinz*essin, König*in, Held*in, Gärtner*in, Verlässliche, Vermittler*in, Liebevolle, Zuhörer*in, Kritiker*in, Freizügige, Menschenfreund*in, Tierliebe, Tänzer*in, Strenge, Korrekte, Kraftvolle, Richter*in, Faule, Gemütliche, Sparsame, Trotzige, Kindliche, Jugendliche, Weise, Genügsame, Abhängige, Selbstständige, Empathische, Praktische, Träumer*in, Kluge, Mächtige, Verstummte, Vorlaute, Sorgenträger*in …

Finde für jeden Anteil einen persönlichen Namen, z. B. Joy, die Abenteurerin, und schreibe ihn auf eine einzelne Karte oder in dein Notizbuch. Lasse immer noch etwas Platz zum Schreiben. Fühle dich frei in der Gestaltung. Du kannst die einzelnen Teammitglieder auch aufzeichnen, oder du nimmst die Gegenstände als Stellvertreter mit nach Hause.

Ergänze im nächsten Schritt einen wertschätzenden Satz zu deinen Anteilen, den das jeweilige Teammitglied dir sagen möchte. Joy, die Abenteurerin, könnte dir mit auf den Weg geben: »Ich entdecke die wundervolle Welt in jeder Kleinigkeit!« Falls du es möchtest, kannst du jeden Anteil auch über eine Körperhaltung oder in einer anderen Form ankern. So gelingt es dir vielleicht, dich daran zu erinnern, dass das Wundervolle dieser Welt auch in den kleinen Dingen liegt, immer wenn du deinen kleinen Finger berührst.

Dein Inneres Team hast du nun kennengelernt, und es wird dich ab heute begleiten. Die einzelnen Mitglieder können sich gegenseitig unterstützen. Wer jedoch wann wem hilft, wird sich mit der Zeit und im Erleben des Zusammenwirkens herausstellen. Je mehr Erfahrungen du mit deinem Inneren Team machst, desto einfacher wird es für dich, schwierige Situationen zu meistern oder Entscheidungen zu treffen. Eine meiner Klient*innen hat sich z. B. vor einem schwierigen Gespräch eines ihrer Teammitglieder auf eine Karte geschrieben und sich während des Gesprächs auf diese Karte gesetzt. Das Gespräch verlief aus ihrer Sicht wesentlich einfacher, und sie fühlte sich dabei wohl.

Die Entdeckung deiner Inneren Anteile kannst du jederzeit fortsetzen. Du kannst auch in deiner Familie oder deinem Freundeskreis fragen, welche Anteile von dir diese Menschen kennen. Schnell wirst du merken, wie vielfältig dein Inneres Team ist und welche Rollen du in deinem Leben einnimmst. Notiere auch die Erfahrungen, die du mit deinem Inneren Team machst, damit du immer sicherer im Wahrnehmen deiner Anteile wirst.

// MEINE LEBENSENERGIE

THEMA:	Sichtbarmachen der eigenen Lebensenergie
WIRKUNG:	die Lebensenergie neu verteilen
DAUER:	60 Minuten
MATERIAL:	Karten zum Beschriften, Notizbuch oder Papier und Stifte, deine Lebenslandkarte und ein Überblick über dein Inneres Team
ORT:	ein ruhiger Platz

Wie und wohin fließt täglich deine Energie? Wie viel davon setzt du für dich selbst ein? Welche Bereiche möchtest du beleben? Diese Fragen stehen im Fokus dieser Übung. Es ist sinnvoll, wenn du bereits die ersten beiden Übungen dieses Monats gemacht hast, denn dann kennst du dich schon etwas besser.

Suche in der Natur einen Ort, an dem du allein bist. Schließe im Stehen die Augen, und atme in deinen Bauch hinein, oder lausche den Geräuschen um dich herum. Lasse deine letzte Woche noch einmal Revue passieren, und erinnere dich mithilfe deines Körpers an die einzelnen Tage. Dafür kannst du z. B. Tätigkeiten, die du gemacht hast, körperlich wiederholen und spüren, wie anstrengend diese Arbeit war. Finde heraus, in welche Bereiche deiner Lebenslandkarte deine Energie geflossen ist und wie sich das anfühlt.

Schreibe oder zeichne die verschiedenen Lebensbereiche auf Karten auf. Prüfe auch, ob es Bereiche gibt, die du noch nicht auf deiner Lebenslandkarte vermerkt hast und dort ergänzen möchtest. Du kannst auch für jeden Lebensbereich Naturgegenstände sammeln.

Lege die Karten oder Gegenstände um dich herum. Stelle dich nacheinander zu jeder Karte oder jedem Gegenstand, und prüfe, ob du in Zukunft auch weiterhin die Energie, die du momentan in den Bereich fließen lässt, in ihn investieren möchtest. Lege dann alle Karten oder Gegenstände, an denen du nichts ändern möchtest, auf einen Platz. Platziere die Lebensbereiche, die zu wenig Energie erhalten, auf eine andere Seite, und lege auch die Bereiche extra, in die zu viel Energie fließt.

Schaue als Nächstes nach Gegensatzpaaren. So kann es sein, dass dir deine Arbeit sehr viel Energie nimmt, die dir in deiner Freizeit fehlt. Suche dir ein Paar heraus, und platziere die Gegenstände oder Karten einander gegenüber. Stelle dich an eine Karte oder einen Gegenstand, und spüre noch einmal über deinen Körper nach, wie sich dieser Lebensbereich anfühlt.

Wechsle dann die Position, stelle dich zu dem gegenüberliegenden Bereich, und spüre auch dort nach. Welche Bilder, Gefühle oder Gedanken tauchen auf? Was kannst du an deiner Situation ändern? Wie kann ein erster Schritt aussehen, um deine Energie von dem einen Bereich in den anderen zu verlagern? Welches deiner Teammitglieder kann dich dabei unterstützen? Welche hilfreichen Sätze oder Affirmationen fallen dir dazu ein? Schreibe sie in dein Notizbuch oder auf einen Zettel, den du in deinem Zuhause sichtbar platzierst.

Notiere die anderen wichtigen Gegensatzpaare, und nimm dir aus ihnen für jede Woche einen neuen Bereich vor, in den du ganz bewusst mehr oder weniger Energie fließen lässt. Wiederhole auch die gesamte Übung regelmäßig.

// GEH-REDE UND GEDANKEN-LAUF

THEMA: Selbstgespräche in Bewegung

WIRKUNG: neue Gedankengänge entstehen

DAUER: 30 Minuten

MATERIAL: Notizbuch oder Papier und Stifte

ORT: überall

Die Devise bei dieser Übung lautet: Gehe raus, und rede mit dir, lasse dabei deinen Gedanken freien Lauf. Durch die komplexe Bewegung des Gehens und das gleichzeitige Reden können deine Gedanken aus ihrer Komfortzone kommen, und du kannst dich überraschen lassen, was du dir alles selbst erzählst. Wähle einen Ort, an dem du gut allein spazieren gehen kannst. Laufe einfach los, und erzähle dir, wie dein Tag oder deine letzte Woche war. Du kannst dir auch vorstellen, dass du aus einer anderen Perspektive zu dir sprichst.

Oft verselbstständigen sich nach einiger Zeit die Gedanken. Dann musst du nichts weiter tun, als weiterzureden. Höre dir gut zu, und versuche, vorher nicht genau zu überlegen, was du sagst. Bei dieser Übung geht es vor allem darum, dass deine Gedanken in Bewegung kommen, dass du sie in einen Lauf bringst. Stoppe deinen Redefluss auch nicht, wenn dir andere Menschen begegnen. Vielleicht hilft es dir sogar, dir vorzustellen, dass dir jeder Baum und alles andere in der Natur zuhören.

Mache diese Übung so lange, bis du das Gefühl hast, einen sehr interessanten Aspekt gefunden zu haben. Bleibe dann eine Weile bei diesem Punkt, und erforsche, warum sich gerade dieser gezeigt hat. Vielleicht verbirgt sich hinter ihm ein Thema, das angeschaut werden möchte. Nimm dieses Thema noch intensiver in Augenschein, und arbeite z. B. mit den auf S. 47 empfohlenen Übungen aus meinem Buch weiter daran, falls du das möchtest.

Schreibe am Ende die wichtigsten Punkte noch einmal auf, damit sie nicht verloren gehen. Vielleicht möchtest du auch ein konkretes Vorhaben umsetzen oder dich in der nächsten Zeit mit einer besonderen Affirmation unterstützen.

Sollte sich kein Thema zeigen, ist die Übung dennoch hilfreich, denn du bist mit dir selbst in Kontakt gekommen und hast deinen Gedanken die Möglichkeit gegeben, sich frei zu entfalten. Dies entspannt auch dein Gehirn. Wenn du sie als sehr anstrengend empfindest, beginne erst einmal langsam mit dieser Übung. Du kannst sie ebenfalls regelmäßig wiederholen und dich im Lauf der Zeit steigern.

// MONATSAUFGABE:
Mein Inneres Team beachten

Die Aufgabe für diesen Monat besteht darin, dass du dein Inneres Team noch besser kennenlernst und beobachtest. Schreibe alle deine Erkenntnisse in dein Notizbuch. Erforsche auch deine Lebenslandkarte weiter. Achte auf deine Energie, und verteile sie so, dass genug für dich und deine Bedürfnisse vorhanden ist.

Solltest du noch weitere Übungen in der Natur machen wollen, die zu diesem Monat passen, empfehle ich dir Übung 1: »Mein Thema mithilfe der Natur finden«, Übung 5: »Die vier Himmelsrichtungen«, Übung 10: »Meine Lebenssäulen« und Übung 71: »Selbstgespräche in Stille« aus meinem Buch »Coachingraum Natur«.

3. MONAT:
Die Natur als Spiegel

Affirmation:
»In der Natur fühle ich mich wohl und geborgen.«

Wie du bereits feststellen konntest, spielt die Natur in diesem Jahresguide eine wichtige Rolle, denn auch wir sind ein Teil von ihr. Wir stehen in einer wechselseitigen Beziehung, und in diesem Monat soll sie uns als Spiegel dienen. Es geht darum, dass du deine Wahrnehmung schulst und dich in deinem Leben orientierst. Dazu wirst du auf verschiedene Art und Weise Kontakt zur Natur herstellen, Plätze entdecken und Landschaften erleben, die unterschiedliche Gefühle in dir auslösen. Diese Momente können dir etwas aufzeigen und spiegeln.
Solltest du dich z. B. mit dem Thema »Alltagsstress« beschäftigen und beim Anblick einer Schnecke ganz ruhig werden, dann findest du vielleicht eine Antwort auf die Frage, was du verändern kannst, um ruhiger und entspannter zu sein. Auch der Anblick einer großen, kräftigen Eiche kann dir etwas mitgeben, genauso wie der Kontakt zu einem Tier, einer Blume, einem Strauch, Steinen, Muscheln … Die verschiedenen Jahreszeiten, Farben, Geräusche und Gerüche in der Umwelt sind deine Begleiter und helfen dir, dich und deine Themen zu verstehen und anzunehmen.

Zunächst beschäftigen wir uns aber mit deinen Stärken, damit du erkennst, welche Ressourcen dir zur Verfügung stehen. Unterstützt werden wir dabei von dem Bild eines großen, starken Baumes mit kräftigen Wurzeln. In der Übung »Spiegelgang« wirst du versuchen, an deine Themen spielerisch heranzukommen. Mit der Übung »Neue Perspektive« lernst du, immer wieder neue Blickwinkel einzunehmen, z. B., wenn die Dinge nicht so funktionieren, wie du sie dir vorstellst. Dadurch wird es dir in Zukunft leichter fallen, Lösungen zu erkennen und zufriedener zu leben.

MODELL: Baum der Stärken

Dieses gängige Modell findest du auch als »Ressourcenbaum« oder »Baum der Entwicklung«. Der Baum ist ein hilfreiches Symbol und bietet Orientierung dabei, sich mit verschiedenen Themen auseinanderzusetzen, z. B. mit den Stärken, den Wurzeln, dem Wachstum und der Entwicklung. Diese Begriffe werden je nach Ausrichtung den Wurzeln, dem Stamm und der Krone zugeordnet.

Das Bild des Baumes kannst du genauso gut für andere Themenbereiche einsetzen, z. B., um deine Visionen oder deine Vorhaben zur Verbesserung der Gesundheit kreativ darzustellen. Ich wollte dieses Modell auf jeden Fall nutzen, da die Übertragung in die Natur so einfach und naheliegend ist. Dabei habe ich mich von der Arbeits- und Organisationspsychologin, Mediatorin und Coachin Elisabeth Krüger und ihrem »Baum der Stärken« inspirieren lassen. Nähere Informationen zu ihrem Coaching-Tool findest du auf ihrer Webseite unter: www.dardo-consulting.com/blog/baum-der-starken/. In ihrem Modell stehen die Wurzeln des Baumes für die Ressourcen, d. h. für alles, was dir Kraft und Energie gibt. Der Stamm symbolisiert deine Stärken, und die Krone zeigt alles auf, was du im Leben bereits erreicht hast und worauf du stolz sein kannst. Dankenswerterweise darf ich das Modell von Elisabeth Krüger in meinem Buch vorstellen und nutzen, um es in die Natur zu übertragen.

// MEIN BAUM DER STÄRKEN

THEMA: Erkunden der eigenen Ressourcen

WIRKUNG: das Selbstbewusstsein stärken

DAUER: 90 Minuten

MATERIAL: Notizbuch oder Papier und Stifte, eine Sitzunterlage

ORT: ein Ort mit Bäumen

Suche einen Ort in der Natur, an dem du unterschiedliche Bäume findest. Gehe los, und lasse dich von einem Baum ansprechen. Vertraue deiner Intuition, und versuche nicht, den perfekten Baum zu finden. Es geht vielmehr darum, dass du von einem Baum angezogen wirst, ohne die Umgebung zu bewerten. Du musst auch noch keine Idee zu deinem Baum haben, sondern darfst dich gern treiben lassen. Vielleicht brauchst du auch mehrere Anläufe, bis du einen Baum gefunden hast, mit dem du dich wohlfühlst.

Wenn dich ein Baum fasziniert, betrachte ihn zunächst aus der Ferne. Was genau zieht dich an diesem Baum an? Wo steht er, und was ist in seiner Umgebung? Wie ist der Boden beschaffen, und wie stabil steht dein Baum dort? Kommst du von allen Seiten an ihn heran, oder ist er an einer Seite geschützt? Kennst du die Baumart? Hat er ein dichtes Laubwerk? Welche Assoziation hast du zu ihm, und welches Gefühl löst er bei dir aus? Ist er gesund, oder hast du den Eindruck, dass er verletzt oder krank ist?

Erkunde den Baum von allen Seiten, bevor du achtsam auf ihn zugehst. Komme dann auf deine Art und Weise mit ihm in Kontakt, mit seinen Wurzeln, seinem Stamm, seinen Ästen und Blättern. Nimm dir Zeit, und zeichne deinen Baum. Stelle dir auch seine Wurzeln vor. Das Bild muss nicht perfekt sein. Viel wichtiger ist, dass du die drei Bereiche »Wurzeln«, »Stamm« und »Krone« erkennst.

Im nächsten Schritt kannst du dich mit den Wurzeln deines Baumes auseinandersetzen. Diese Wurzeln geben ihm Kraft und Halt. Vielleicht kannst du einige Wurzeln sehen und mit deinen Händen erforschen. Führe dir dabei deutlich vor Augen, welche Bedeutung die Wurzeln für den Baum haben. Übertrage deine Gedanken auf dich, und überlege, was dir Kraft und Halt im Leben gibt. Welche Menschen, Hobbys, Gegenstände, Musik, Tätigkeiten … fallen dir ein? Was begeistert dich, und wobei entspannst du dich? Schreibe alles zu den Wurzeln deines gezeichneten Baumes.

Schaue dir dann in aller Ruhe den Stamm an. Welche Eigenschaften hat er, und an welche deiner Stärken erinnert er dich? Schreibe alles auf, was dir einfällt. Du kannst später auch in deinem Umfeld nachfragen, welche Stärken andere an dir erkennen. Dabei ist es hilfreich, Menschen aus unterschiedlichen Lebensbereichen zu befragen, z. B. Familie, Freund*innen, Arbeitskolleg*innen, denn jeder Mensch hat eine andere Sicht auf dich.

Betrachte als Letztes die Krone deines Baumes noch einmal genauer. Wie hoch und weit ist sie gewachsen? Welchen Stürmen und Unwettern hat sie wohl getrotzt, und wie oft hat sie im Sonnenschein oder im Regen gestanden? Übertrage auch diese Gedanken auf dein Leben, und mache dir bewusst, was du bereits alles erreicht hast und wie du in deinem Leben gewachsen bist. Welche Stürme hast du schon überstanden? An welche besonderen Sonnen- und Regenmomente kannst du dich erinnern? Schreibe alles zur Krone deines gezeichneten Baumes, was du im Leben bereits geschafft hast. Auch diese Sammlung kannst du jederzeit erweitern.

Bedanke dich zum Abschluss für alles Erlebte, würdige es auf deine Art und Weise, und beende die Übung, indem du dich an deinen Baum anlehnst, mit ihm redest oder etwas dalässt, z.B. einen Schluck Wasser. Du kannst deinen Baum immer wieder besuchen und dir deine besonderen Ressourcen und Stärken bewusst machen. Vielleicht findest du auch einen wertschätzenden Satz oder ein Ritual zur Erinnerung an diese Übung, das du zu Hause durchführen kannst.

// SPIEGELGANG

THEMA: spielerisches Entdecken der Natur

WIRKUNG: die Wahrnehmung fördern und Themen finden

DAUER: 45 Minuten

MATERIAL: ein Spiegel, den du gut in der Hand halten kannst, Notizbuch oder Papier und Stifte, ein Fotoapparat oder ein Smartphone, eine Sitzunterlage

ORT: überall

Diese Übung verbindet dich mit der spielerischen Neugier deines Inneren Kindes und lässt dich die Natur neu erkunden und Themen erkennen, die dich beschäftigen. Gehe hinaus, und nutze den ersten Teil deines Naturgangs, um deinen Alltag hinter dir zu lassen. Atme bewusst, und wechsle einige Male dein Gehtempo und deine Blickrichtung. Auf diese Weise kannst du ganz bei dir und in der Natur ankommen.

Nimm dann deinen Spiegel in die Hände, und versuche, einige Schritte mit geschlossenen Augen zu gehen. Achte dabei auf die Signale deines Körpers. Öffne danach die Augen, und blicke in den Spiegel. Halte ihn so, dass du nicht dich siehst, sondern den Boden. Gehe langsam weiter, indem du deinen Weg nur mithilfe des Spiegels findest.

Experimentiere mit der Ausrichtung des Spiegels. Halte ihn auch einmal zur Seite oder so über deinen Kopf, dass du nach oben schaust. Bleibe immer achtsam, damit du nicht stolperst. Wenn du dich an den Spiegelgang gewöhnt hast und dich gut zurechtfindest, schaue dir die Natur um dich herum ganz bewusst durch den Spiegel an. Gehe so lange, bis dich ein Bild fesselt oder berührt. Halte dann inne, und versuche, das Bild durch den Spiegel zu erfassen. Was genau berührt dich? Was aus deinem Leben spiegelt dir die Natur? Was fühlst du, und was möchtest du am liebsten tun?

Lege dann den Spiegel zur Seite, und betrachte das Bild direkt. Was verändert sich dadurch? Welche Eindrücke kommen hinzu? Woran erinnert es dich?

Was hat es mit dir und deinem Leben zu tun? Nimmst du eine Assoziation, ein Gefühl oder eine Körperreaktion wahr? Wenn du möchtest, setze dich an diesen Platz, und schaue dich um. Wohin hat dein Spiegelweg dich geführt? Was siehst du noch, und was sagt dir dieser Ort über dich? Schreibe alles auf, was dir wichtig erscheint, zeichne ein Bild davon in dein Notizbuch, oder mache ein Foto. Finde auch einen Titel für dein Spiegelbild. Betrachte dich zuletzt selbst im Spiegel, im Hintergrund sollte dein Bild zu sehen sein. Was fühlst du dabei? Was nimmst du wahr? Was möchtest du noch festhalten? Verweile so lange, bis du die Übung erneut beginnen oder deinen Heimweg antreten möchtest.

// SICHTWECHSEL

THEMA: ein Blick aus Sicht der Natur

WIRKUNG: das eigene Sichtfeld erweitern

DAUER: 45 Minuten

MATERIAL: Notizbuch oder Papier und Stifte, eine Sitzunterlage

ORT: überall

Für diese Übung ist es hilfreich, wenn du ein konkretes Thema beleuchten möchtest. Nehmen wir einmal an, dass dein Thema »Abnehmen« ist. Schreibe dann alles auf, was dir wichtig erscheint. Unterscheide dabei zwischen:

» Tatsachen, z. B. »Ich esse, obwohl ich keinen Hunger habe«
» Personen, die involviert sind, z. B. die Familie, die gern reichhaltig und ungesund isst

- Glaubenssätzen, z. B. »Erst wenn der Teller leer ist, wird das Wetter schön« oder »Ich möchte nichts wegwerfen«
- allem, was du schon unternommen hast, z. B. mehrere Diäten
- Lösungsideen, z. B. viel Wasser trinken, weniger Salz und Zucker zu dir nehmen, mehr Bewegung, ausgewogener essen
- Momenten des Scheiterns, z. B. »Ich werde bei jeder Schokolade schwach und esse sie« oder «Ich verfalle schnell in alte Muster«
- allem, was dich bei deinem Thema unterstützt, z. B. Personen, Momente, Gegenstände, Unternehmungen, Hobbys

Welche Fragen bewegen dich außerdem bei deinem Thema, z. B.: Was würde deine Großmutter dazu sagen? Was hindert dich daran, an deinem Thema dranzubleiben? Was lässt dich in alte Muster zurückfallen? Gab es einen Auslöser für dein Thema? Was in der Natur assoziierst du mit deinem Thema? Bewerte die Belastung durch dein Thema auf einer Skala von 1 für »das belastet mich fast gar nicht« bis 10 für »Ich verspüre dabei eine enorme Belastung«.

Gehe dann in die Natur, und nimm deine Notizen mit. Suche einen Ort auf, an dem du allein bist und der dich anspricht. Schaue dich nach einer Pflanze, einem Baum, einem Tier oder nach etwas anderem um, was dir etwas zu deinem Thema zu sagen hat und in dessen Perspektive du einmal schlüpfen möchtest. Nimm Kontakt mit dem Geschöpf auf, das du ausgewählt hast, und versetze dich in es hinein. Frage dich aus seiner Sichtweise heraus, was es dir zu einem deiner Punkte in den Notizen sagen würde, und komme in einen Dialog. Was antwortet dir z. B. eine dicke, stabile Eiche auf die Aussage »Ich esse, obwohl ich keinen Hunger habe«? Vielleicht erhältst du eine für dich neue Sichtweise. Aus Sicht der Eiche könnte die Antwort lauten: »Für mich ist es gut, mit stabilen Wurzeln fest auf dem Boden zu stehen. Das gibt mir Sicherheit.« Die Eiche fragt dich dann vielleicht: »Brauchst auch du diese Stabilität?«

Versuche, zu all deinen Gedanken aus den Notizen verschiedene Sichtweisen zu erhalten, indem du dich immer wieder in ein anderes Geschöpf hineinversetzt. Du kannst natürlich auch bei einem verweilen. Frage dich und dein Gegenüber zum Ende eures Dialogs, was sich in deinem Leben ändert, wenn sich dein Thema auflöst.

Halte die verschiedenen Sichtweisen, die dir wichtig sind, in deinem Notizbuch fest. Bewerte die Belastung durch dein Thema noch einmal. Hat sich das Ergebnis verändert? Falls ja, kannst du benennen, wodurch das geschehen ist? Überlege dir einen ersten Schritt, um die Belastung zu mindern. Du hast vermutlich bereits einige neue Lösungsideen erhalten. Befrage auch dazu die Natur, und schreibe deinen ersten Schritt so konkret wie möglich auf. Wiederhole diese Übung nach vier Wochen, und schaue, ob sich etwas verändert hat.

// NEUE PERSPEKTIVEN

THEMA:	Einnehmen einer neuen Perspektive
WIRKUNG:	Licht- und Schattenaspekte erkennen
DAUER:	40 Minuten
MATERIAL:	Notizbuch oder Papier und Stifte
ORT:	ein Ort, an dem Licht und Dunkelheit oder Sonne und Schatten zu finden sind

Nachdem du in der letzten Übung verschiedene Sichtweisen eingenommen hast, geht es nun darum, die Licht- und Schattenaspekte deines Themas zu beleuchten. Auf diese Weise kannst du eine neue Perspektive finden. Suche einen Ort, an dem du sowohl in einem dunklen Wald als auch auf einer Lichtung oder einer Wiese sein kannst. Es kann auch ein Platz sein, an dem du von der Sonne beschienen wirst und mit ein paar Schritten in den Schatten hinüberwechseln kannst. Als weitere Alternative empfehle ich dir, die Übung einmal abends in der Dunkelheit und einmal am helllichten Tag durchzuführen.

Verbinde dich mit deinem Thema, indem du dir einen geeigneten Platz suchst und dort ganz in Ruhe zu dir kommst. Schließe die Augen, und stelle dir dein Thema innerlich vor. Schaue, ob du es auch körperlich spüren kannst. Falls ja, lege eine Hand an diese Stelle, und atme einige Male entspannt dort hinein.

Entscheide dich danach, aus welcher Perspektive du dir dein Thema zuerst anschauen möchtest. Gehe zum hellen oder dunklen Ort, und vergegenwärtige dir noch einmal, was dich beschäftigt. Welche Gedanken hast du spontan? Welche Bilder siehst du? Was sind die Schatten- bzw. Lichtaspekte deines Themas? Versuche, nichts zu beschönigen, sondern vertraue deinen ersten Impulsen. Wechsle dann deinen Platz, höre dort ebenfalls in dich hinein, und betrachte dein Thema.

Beleuchte es aus diesen beiden Blickwinkeln, indem du einige Male den Platz wechselst. Achte dabei auch auf die Bilder, Geräusche oder Gerüche in der Natur. Was sind die Licht- und die Schattenaspekte, die du vorher noch nicht kanntest? Welche erscheinen dir wichtig? Schreibe alles in dein Notizbuch, und versuche, den Licht- und Schattenaspekten in der Zukunft mehr Beachtung zu schenken. Allein dadurch, dass du dir der Schattenseite bewusst wirst, kann sich dein Thema bereits verändern oder anders anfühlen.

// MONATSAUFGABE:
Den Perspektivenwechsel einladen

In diesem Monat geht es um deine Ressourcen und deine Stärken, und du nimmst verschiedene Sichtweisen auf deine Themen ein. Denke im Verlauf dieses Monats daran, dass du auf Geschehnisse und Vorhaben aus einer anderen, auch ungewohnten Perspektive blicken kannst, die oftmals eine überraschende Erkenntnis für dich bereithält. Solltest du in Zukunft bei einem Thema nicht weiterkommen, nimm die Sichtweise eines Tieres, eines Baumes oder eines anderen Lebewesens ein.
Versuche außerdem in diesem Monat, bei jeder Diskussion oder Auseinandersetzung die Perspektive deines Gegenübers herauszufinden. Du kannst z. B. bei einem Gespräch das Gesagte zunächst in eigenen Worten zusammenfassen, um sicherzustellen, dass du alles richtig verstanden hast. In einem zweiten Schritt betrachtest du es dann aus unterschiedlichen Sichtweisen. Nutze auch dafür die Natur.

Solltest du noch weitere Übungen in der Natur machen wollen, die zu diesem Monat passen, empfehle ich dir Übung 18: »Harte Schale, weicher Kern?«, Übung 21: »Mein Selbstbild«, Übung 22: »Perspektivenwechsel«, Übung 27: »Geräusche meines Lebens«, Übung 30: »Die Bühne meines Lebens« und Übung 74: »Getragen sein« aus meinem Buch »Coachingraum Natur« sowie die Übung »Mikrokosmos und Makrokosmos« aus meinem Kartenset »Coachingraum Natur«.

4. MONAT:

Meine Wahrnehmung erweitern

Affirmation:

»Jeder Schritt, den ich gehe, ist ein Schritt zu mir selbst.«

Dieses Buch heißt: »Wer ankommen will, muss losgehen.« In diesem Monat gehen wir den Weg gemeinsam weiter und schreiten dabei ganz achtsam voran. Jeder bewusste Schritt bringt dich dir selbst näher. Aus diesem Grund steht die Schulung deiner Wahrnehmung und deiner Achtsamkeit im Mittelpunkt dieses Monats.

Wir Menschen nehmen uns und unsere Umgebung mit den verschiedensten Sinnen wahr, und diese Sinne möchte ich mit dir entdecken und beleben. Auf diese Weise erkennst du, wie wichtig ein gesunder Umgang mit dir selbst ist.
Deine Achtsamkeit stärken wir über verschiedene Atemübungen, denn jeder Atemzug ist ein Ja zum Leben und trägt dich weiter auf deinem Weg. In einer Übung geht es um die Frage, welche Spur du in deinem Leben legen möchtest und welche deiner Herzenswünsche noch von dir umgesetzt werden möchten.
Fühle dich eingeladen, auf all diese Themen voller Liebe zu blicken und ganz achtsam auf sie zuzugehen.
Bestimme dabei dein eigenes Tempo, und lasse dich nicht von deinem Weg abbringen.

MODELL: Die 12 Sinne unserer Wahrnehmung

Das Wahrnehmen unserer Umgebung erfolgt über unsere Sinne. Der Sehsinn bestimmt unsere visuelle Wahrnehmung, der Hörsinn unsere auditive, der Tastsinn unsere taktile, der Geruchssinn unsere olfaktorische, der Geschmackssinn unsere gustatorische, der Gleichgewichtssinn unsere vestibuläre und der Bewegungssinn unsere kinästhetische Wahrnehmung. Im Alltag vieler Menschen ist vor allem der Sehsinn aktiviert, der sich z. B. auf einen Laptop richtet, auf das Smartphone oder den Fernseher. Diese Lebensweise führt zu einer Fokussierung des Nahbereiches, sodass bereits viele junge Menschen kurzsichtig werden. Gerade unsere Augen sind aber darauf ausgerichtet, in die Ferne zu schauen und den Blick schweifen zu lassen. Auch aus diesem Grund ist der Gang in die Natur so heilsam, denn unsere Augen können sich dort entspannen.

Bereits vom ersten Lebensmoment an nehmen wir uns selbst und unsere Umgebung über unsere Sinne wahr. Sie helfen uns, zu lernen, zu verstehen, zu interagieren, zu integrieren und uns zu öffnen. Der Naturwissenschaftler und Philosoph Rudolf Steiner hat sich bereits 1916 intensiv mit diesem Thema beschäftigt und über die bekannten fünf Sinne – Sehen, Hören, Tasten, Riechen und Schmecken – hinaus noch sieben weitere definiert. Diese sind:

- Wärmesinn
- Gleichgewichtssinn
- Eigenbewegungssinn
- Wort- oder Sprachsinn
- Gedankensinn
- Lebenssinn
- Ich-Sinn

Diese zwölf Sinne hat er in drei Bereichen geordnet: die Körpersinne, die Umgebungssinne und die Erkenntnis- oder sozialen Sinne. Im Folgenden möchte ich sie dir kurz vorstellen und greife dafür auf seine Einteilung zurück. Du musst kein Anhänger der Lehren von Rudolf Steiner sein oder überzeugt davon sein, dass es diese zwölf Sinne gibt. Dich mit dem Konzept auseinanderzusetzen, ist dennoch spannend und lehrreich.

KÖRPERSINNE

Die ersten vier Sinne werden auch »untere Sinne« oder »Körpersinne« genannt, da sie uns dabei unterstützen, unseren eigenen Körper wahrzunehmen. Im seelischen Bereich wird ihnen der Wille zugeordnet.

Tastsinn

Durch den Tastsinn erfahren wir uns selbst und unsere Körpergrenze. Über ihn können wir uns und andere Menschen berühren. Er vermittelt uns Wohlgefühl, schenkt uns Zärtlichkeit, zeigt uns Formen und Grenzen auf. Der Tastsinn ist von Geburt an aktiv und hat seinen Sitz in den Rezeptoren unserer Haut.

Gleichgewichtssinn

Der Gleichgewichtssinn hat seinen Sitz im Innenohr und im Kleinhirn. Er schenkt uns Stabilität und Balance. Fühlen wir uns einmal nicht im Gleichgewicht, ist damit sowohl die innere als auch die äußere Balance gemeint. Da beide einander wechselseitig beeinflussen, können wir auch an beiden Aspekten arbeiten. Solltest du dich also einmal innerlich nicht ausgeglichen fühlen, ist es sicherlich hilfreich, im Außen einige Gleichgewichtsübungen zu machen.

Eigenbewegungssinn

Über den Eigenbewegungssinn oder auch Bewegungssinn sind wir in der Lage, unsere Bewegungen und körperlichen Handlungen wahrzunehmen. Er hat seinen Sitz in den Rezeptoren der Muskulatur. Je aktiver wir sind, desto besser ist unser Eigenbewegungssinn ausgeprägt. Durch ihn erfahren wir, dass wir unseren Körper gut beherrschen. Solltest du dich oft antriebsschwach fühlen, ist es gut, wenn du dich mehr bewegst. Dabei aktivierst du gleichzeitig deinen Bewegungssinn.

Lebenssinn

Der Lebenssinn gibt uns die Möglichkeit, uns als lebendige Wesen wahrzunehmen. Er vermittelt uns darüber hinaus, in welcher körperlichen Verfassung wir gerade sind. Wenn du dich einmal krank oder energielos fühlst, zeigt das, dass es nicht gut um deinen Lebenssinn bestellt ist. Stress, Angst oder Streit sind für ihn nicht förderlich. Je strukturierter oder harmonischer dein Tagesablauf ist, desto wohler fühlt sich dieser Sinn und du dich mit ihm. Der Lebenssinn hat seinen physischen Sitz im Nervensystem.

UMGEBUNGSSINNE

Mit den sogenannten mittleren Sinnen nehmen wir schwerpunktmäßig nicht mehr uns selbst, sondern unsere Umwelt wahr. Die eigene Aktivität, das eigene Erleben und Empfinden sind dabei unabdingbar.

Wärmesinn

Der Wärmesinn vermittelt uns, ob uns warm oder kalt ist. Dabei beschränkt er sich nicht auf das körperliche Empfinden, sondern umfasst auch das seelische. Je sensibler ein Mensch ist, desto eher kann er echte Herzlichkeit von gespielten Gefühlen und Kaltherzigkeit unterscheiden. Die Wärme- und Kälterezeptoren auf der Haut beherbergen unseren Wärmesinn.

Sehsinn

Über den Sehsinn erkennen wir unsere Umwelt. Wir können Formen und Farben genauso unterscheiden wie Dunkel und Hell. Dieser Sinn hat seinen Sitz in unseren Augen und erscheint uns oft als der wichtigste Sinn, was unsere Orientierungsfähigkeit anbetrifft.

Geschmackssinn

Mit dem Geschmackssinn erleben wir, ob unsere Nahrung salzig, scharf, sauer oder auch süß ist, und er hilft uns, verdorbene Nahrungsmittel zu erkennen. Der Sitz des Geschmackssinns ist die Zunge.

Geruchssinn

Über den Geruchssinn nehmen wir verschiedene Gerüche wahr, die wiederum Empfindungen in uns auslösen können. Dies ermöglicht uns, Urlaubs- oder Kindheitserinnerungen durch einen Duft wachzurufen. Der Geruchssinn hat seinen Sitz in der Nase.

ERKENNTNIS- ODER SOZIALE SINNE

Die letzten vier Sinne, die auch die »oberen Sinne« genannt werden, unterstützen uns bei Erkenntnissen und sind hilfreich im Kontakt mit anderen Menschen. Sie sind unsere mentalen Sinne und bestimmen unsere Wahrnehmung der nicht-physischen Welt.

Hörsinn

Der Hörsinn lässt uns die Geräusche der Welt wahrnehmen. Das können wunderbare Musikstücke sein oder der Lärm einer Bohrmaschine. Die unterschiedlichen Töne und Geräusche können heilsam für uns sein oder uns stressen. Der Hörsinn hat seinen Sitz in den Ohren.

Sprachsinn

Durch den Sprachsinn nehmen wir Worte auf und können sie verstehen. Dieses Verstehen geht über das eigentliche Hören hinaus, denn durch den Sprachsinn nehmen wir verschiedene Ebenen der Kommunikation gleichzeitig wahr. So bringen wir Mimik, Gestik und andere nonverbale Kommunikationsformen in Verbindung mit dem Gesagten. Der Sprachsinn hat seinen Sitz im Kehlkopf und den umliegenden Organen.

Gedankensinn

Der Gedankensinn baut auf dem Sprachsinn auf. Über das Verständnis einzelner Sätze hinaus können wir mit ihm auch die Gedanken eines anderen Menschen erfassen. Der Gedankensinn hilft uns zudem, Unausgesprochenes über Mimik oder Gestik sowie die Körperhaltung zu erkennen. Je empathischer ein Mensch ist, desto eher kann er sich auch in andere Menschen hineinversetzen, hineinfühlen und dadurch ihre Gedanken wahrnehmen.

Ich-Sinn

Der Ich-Sinn ist der Sinn, der vielleicht am wenigsten entwickelt ist. Über ihn sind wir in der Lage, uns selbst und unser Gegenüber wahrzunehmen. Das Erkennen eines anderen Menschen setzt voraus, dass wir uns als Ich erleben, uns also unser selbst bewusst sind.

// DIE NATUR MIT ALLEN SINNEN WAHRNEHMEN

THEMA: ganzheitliches Wahrnehmen der Natur

WIRKUNG: die eigene Wahrnehmung erweitern, mit den Sinnen vertrauter werden

DAUER: 60 Minuten

MATERIAL: Notizbuch oder Papier und Stifte, ein Smartphone, eine Sitzunterlage

ORT: überall

Mit dieser Übung findest du heraus, mit welchem deiner Sinne du deine Umgebung am liebsten erfährst. Wir konzentrieren uns hierbei auf die bekannten Sinne. Wenn du dir mehr Inspirationen wünschst und alle Sinne nach Rudolf Steiner erforschen möchtest, empfehle ich dir mein Buch »Rauhnächte – wirksame Impulse aus der Natur für die 12 magischen Nächte«. In ihm findest du für jede Rauhnacht eine neue Sinnesübung, sodass du dich auch den Sinnen widmen kannst, die du mit dieser Übung nicht erforschst.

Vielleicht konzentrierst du dich vor allem auf deinen Sehsinn, wenn du in die Natur eintauchst – das geht den meisten Menschen so. Für dich wird es eine neue Erfahrung sein, alles um dich herum auch mit deinen anderen Sinnen zu erfahren. Je mehr Sinne du aktivierst, desto ganzheitlicher erlebst du dein Umfeld. Deine Wahrnehmung erweitert sich, und das kann auch im Alltag hilfreich sein.

Gehe in die Natur, und lenke deine Aufmerksamkeit bewusst auf deine Sinne. Konzentriere dich zunächst beim Gehen auf deinen **Sehsinn.** Um dies zu unterstützen, kannst du dir die Ohren zuhalten oder deinen Blick nur nach unten oder nach oben richten. Suche dir auch bewusst eine Stelle aus, an der du in die Ferne schauen kannst. Solltest du auf einem Berg stehen, lasse deinen Blick schweifen und entspanne dich. Mache ein Foto von deinem Lieblingsausblick, damit du es jederzeit anschauen kannst. Noch intensiver tauchst du ein, wenn du dir die Zeit nimmst und deinen Ausblick zeichnest.

Richte als Nächstes deine Aufmerksamkeit auf deinen **Hörsinn.** Hierbei kannst du zur Unterstützung deine Augen schließen. Nimm die einzelnen Geräusche wahr, und versuche, sie den Richtungen, aus denen sie kommen, zuzuordnen. Welche Geräusche empfindest du als angenehm und welche als störend? Versuche wieder, dein Lieblingsgeräusch zu finden, und nimm es mit dem Smartphone auf. Du kannst dir das Geräusch so immer wieder anhören oder es sogar als Klingelton verwenden. Wenn du möchtest, kannst du auch erforschen, woher genau das Geräusch kommt, eventuell von welchem Tier.

Nun sollst du deine Umgebung über deinen **Geruchssinn** erfahren. Was riechst du in deiner Umgebung? Suche dir verschiedene Dinge an deinem Platz aus, an denen du riechen kannst. Vielleicht findest du einen Lieblingsgeruch. Falls du etwas findest, was du gut mitnehmen kannst, packe es ein, und erfreue dich auch daheim an dem Duft.

Um deinen **Geschmackssinn** zu schulen, solltest du etwas erfahrener in der Natur sein. Iss bzw. probiere nur das, was dir vertraut ist. Vielleicht findest du Brombeeren oder Wildkräuter, die du bereits kennst. Auch bei Pilzen solltest du vorsichtig sein und dich im Zweifelsfall von einem Fachmann beraten lassen. Ein selbst gemachtes Pesto, ein Salat aus Wildkräutern oder ein Smoothie mit Brennnesseln sind ein tolles Geschmackserlebnis. Auch einen Pfefferminztee aus frischer Minze solltest du unbedingt einmal ausprobieren.

Über deinen **Tastsinn** kannst du viele Formen und Materialien erspüren. Nimm dort, wo du bist, Platz, schließe deine Augen, und erfühle deine Umgebung mit deinen Händen. Erfahre über deinen Tastsinn, welche Formen und Gegenstände dich beruhigen, dich neugierig machen oder dir unangenehm sind. Suche auch einen Handschmeichler, z. B. einen runden Stein, den du als Erinnerung mit nach Hause nehmen kannst und der dich ab jetzt begleitet.

Dein **Gleichgewichtssinn** wird im Wald immer dann gefördert, wenn du über unebenes Gelände gehst. Du kannst über Baumstämme balancieren, über kleinere Bäche springen oder dir Stöcke hinlegen, über die du hinübertrittst. Achte immer auf deine Sicherheit, und wähle einen Untergrund, der sich für dich richtig und machbar anfühlt. Wenn du abseits der Wege unterwegs bist, wird dir bewusst, wie gut dein Gleichgewichtssinn ausgeprägt ist. Frage dich auch, wie es mit dem Gleichgewicht innerhalb deiner Lebensbereiche bestellt ist.

Mit dem **Bewegungssinn** sind wir in der Lage, unseren eigenen Körper und unsere Bewegungen wahrzunehmen. Ihn spürst du vor allem dann, wenn du deine Augen schließt. Auf diese Weise kannst du deine Bewegungen bzw. die Kraft und Spannung im eigenen Körper besser wahrnehmen. Außerdem vermittelt dir der Bewegungssinn, wie sich deine Körperteile zueinander verhalten, wann dein Am gebeugt ist oder wann dein Fuß den Boden berührt. Erkunde spielerisch deinen Bewegungssinn, indem du z. B. mit geschlossenen Augen etwas vom Boden aufhebst, über unterschiedliche Untergründe gehst oder mit verschiedenen Materialien versuchst, ein Ziel zu treffen.

Ich möchte dir eine kleine Zusammenfassung für deine Erfahrungen auf deinem Spaziergang geben:

- Sehen: verschiedene Formen, Farben, Bilder in der Nähe und Ferne …
- Hören: Tiergeräusche, im Wind rauschende Blätter, Regentropfen …
- Riechen: Pilze, modrige Erde, Blumendüfte …
- Schmecken: Beeren, Blätter, Blüten …
- Tasten: Formen, Materialien, Oberflächenstrukturen …

» Gleichgewicht: Balancieren über verschiedene Baumstämme, Springen über Gräben, Stöcke, Blätter …
» Bewegungssinn: Gehen mit geschlossenen Augen über verschiedene Untergründe

Halte zu jedem Sinn ein Erlebnis fest, und reflektiere, inwieweit dir dieser Moment dabei geholfen hat, dich in der Gegenwart zu spüren. Versuche, auch im Alltag deine Wahrnehmung zu erweitern, dich immer wieder an die unterschiedlichen Sinne zu erinnern und sie bewusst einzusetzen. Aktiviere z. B. deinen Gleichgewichtssinn, indem du dich beim Kochen auf ein Bein stellst. Stelle dir dabei außerdem vor, wie du deine verschiedenen Lebensbereiche ebenfalls ausbalancierst. Vielleicht hilft das Spiel mit den Sinnen dir in schwierigen Situationen, dich anders zu verhalten oder einen anderen Sinn in den Vordergrund zu stellen und dadurch eine andere Perspektive einzunehmen.

// UMGANG MIT MIR

THEMA: Achtsamkeitstraining

WIRKUNG: achtsamer mit sich selbst sein

DAUER: 45 Minuten

MATERIAL: Notizbuch oder Papier und Stifte

ORT: überall

Vielleicht kennst du die Momente im Alltag, in denen du mit deiner Aufmerksamkeit bei vielen Dingen und Menschen bist, aber nicht bei dir selbst. Diese Übung kann dir helfen, dich immer wieder auf dich zu besinnen und einen achtsamen Umgang mit dir zu üben. Dies gelingt dir vielleicht leichter, wenn du dich zunächst mit einer Pflanze oder einem anderen Lebewesen beschäftigst und dich um sie oder es kümmerst.

Gehe los, und versuche, mit jedem Schritt deinen Alltag etwas mehr hinter dir zu lassen. Es gibt zunächst einmal nichts zu tun, außer ganz entspannt in die Natur einzutauchen. Richte dann deine Aufmerksamkeit auf den Wunsch, achtsam mit dir zu sein. Vielleicht kannst du dieser Achtsamkeit eine Farbe oder ein Gefühl zuordnen. Stelle dir die Farbe oder das Gefühl sehr genau vor, um es später auf deine Pflanze oder ein anderes Lebewesen zu übertragen.

Mache dich innerlich bereit, etwas zu begegnen, was dir weiterhilft, achtsam mit dir zu sein. Befreie dich von allen Vorstellungen und Ideen, welche Pflanze, Blume, welcher Baum oder welches Tier es sein könnte. Gehe einfach los, und lasse dich treiben. Gehe so lange weiter, bis du das Gefühl hast, dass dich etwas anzieht oder ruft. Wenn du dein Lebewesen gefunden hast bzw. es dich gefunden hat, nimm dir Zeit, dich mit ihm zu verbinden. Betrachte es ganz genau, seine Form, seine Farbe …, und mache dir bewusst, dass du ein lebendiges Wesen vor dir hast.

Versuche, mit ihm auf deine ganz eigene Art und Weise in Kontakt zu treten. Vielleicht möchtest du ihm etwas sagen oder es vorsichtig berühren. Fühle dich in das Lebewesen hinein, und erforsche, was es braucht, damit es ihm gut geht. Du kannst auch ein Gespräch mit ihm führen. Beobachte dich dabei wie aus der Vogelperspektive, und schaue dir zu, wie du achtsam Kontakt aufnimmst.

Wende dich im nächsten Schritt dir selbst zu. Komme mit dir in Kontakt, und frage dich, was du brauchst. Oder berühre dich genauso vorsichtig, wie du es mit dem Lebewesen getan hast. Welche Gefühle löst dieser enge Kontakt zu dir aus? Wie fühlt es sich körperlich an, wenn du so achtsam mit dir bist? Schreibe alle Handlungen, die dir guttun, auf, um sie später immer wieder durchzuführen.

Beende die Übung, indem du noch einmal mit deinem Lebewesen in Kontakt trittst, es vielleicht mit einer Hand berührst und deine zweite Hand auf dein Herz legst. Versuche, gleichzeitig die Achtsamkeit für dich und das Lebewesen zu erspüren. Bedanke dich für diese wertvolle Erfahrung, und achte auf deinem Rückweg sehr genau darauf, wie langsam oder schnell du gehst und welchen Weg du einschlägst. Vielleicht möchtest du auch in deinem Zuhause eine Blume oder Pflanze hinstellen, mit der du dieses Achtsamkeitstraining immer wieder durchführst.

// MEINE SPUR

THEMA: Kennenlernen der eigenen Wünsche

WIRKUNG: neue Wege einschlagen

DAUER: 2–4 Stunden

MATERIAL: Notizbuch oder Papier und Stifte, eine Sitzunterlage

ORT: überall

Der Impuls zu meinem ersten Buch entstand in Tunesien am Strand. Dort ging ich laufen und folgte auf dem Rückweg meinen eigenen Fußspuren. Von dem Tag an habe ich immer wieder darüber nachgedacht, welche Spuren ich im Leben hinterlassen möchte. Heute weiß ich, dass eine meiner Spuren meine Bücher sind. Solltest du dich mit dem Thema, welche Spuren du in deinem Leben hinterlassen möchtest, auseinandersetzen wollen, empfehle ich dir die Übung 26: »Spuren« aus meinem Buch »Coachingraum Natur«.

Heute wollen wir uns damit beschäftigen, was du im Leben wirklich für dich willst. Es geht nicht darum, für andere eine Spur oder ein Vermächtnis zu hinterlassen, sondern darum, dir deine eigene Spur zu legen. Diese Übung ist eine Fortsetzung der Übung »Was will ich?« aus dem ersten Monat (siehe S. 28). Ich finde dieses Thema so wichtig, dass ich es mit dir zusammen immer wieder aufgreife. Nimm dir für diese Übung eine längere Auszeit, folge der

Frage, was dir im Leben wichtig ist, und öffne dich für die Antworten aus der Natur.

Gehe absichtslos in die Natur, und lasse dich von einem Ort finden, der dich fasziniert. Lasse dich nieder, und versuche, den Ort mit allen deinen Sinnen zu erfahren. Schließe für einen Moment deine Augen, lausche, und ertaste etwas in deiner Nähe. Was fühlst und riechst du? Dann entdecke, was du in der Hand hältst. Hat dieser Gegenstand etwas mit deinen Wünschen im Leben zu tun?

Bleibe an diesem Ort, und beschäftige dich mit dem Gegenstand und deinen Wünschen. Du kannst genauso gut weitergehen und deinen Gegenstand in der Hand mit dir herumtragen. Nimm auf deine Art und Weise Kontakt zu ihm auf, erfahre und spüre, was er dir sagen möchte. Welche Erkenntnisse ziehst du aus deinem Gegenstand? Vielleicht geht es gar nicht um die großen Themen im Leben, sondern um kleinere Einsichten, die für dein Leben wichtig sind.

Als ich diese Übung für mich entdeckte, habe ich eine Nuss gefunden, die an einer Stelle ein wenig geöffnet war. Ich hatte das Gefühl, dass man in sie hineinsehen kann. Für mich stand diese Nuss dafür, wie ich mit Menschen in Kontakt treten möchte. Ich erkannte, dass es mir wichtig ist, in einen wahren Austausch zu kommen. Dafür darf ich nicht nur eine glatte Oberfläche von mir zeigen, sondern auch meine persönlichen Facetten, d.h. meine Gefühle, Bedürfnisse und Wünsche. Da ich im Leben manchmal den harmonischen Weg wähle und nicht die Auseinandersetzung, erschien mir diese Nuss wie ein Schlüsselsymbol, dessen Botschaft ich von da an beherzigen wollte.

Je erwartungsfreier du diesen Naturspaziergang unternimmst, desto weniger kannst du enttäuscht werden. Ziehe nach der ersten Erkenntnis einfach weiter, und schaue, welche Plätze und Gegenstände du noch findest. Folgende Fragen können dich dabei begleiten:

» Was ist dir wirklich wichtig im Leben?
» Worüber möchtest du am Ende deines Lebens froh und glücklich sein?
» Welche deiner Fähigkeiten und Eigenschaften sollen andere Menschen wahrnehmen?
» Welche Werte möchtest du den Menschen um dich herum weitergeben?
» Wenn über Nacht ein Wunder passiert, das dich deinen Zielen näher bringt, woran erkennst du, dass dieses Wunder eingetreten ist?
» Welche positiven Gefühle und Einstellungen sollen dich für den Rest deines Lebens begleiten?
» Was kannst du tun, um das in dein Leben einzuladen, was du wirklich willst?

Am Ende meines Spaziergangs hielt ich meine Nuss immer noch in der Hand. Die ganze Zeit über rieselte der alte, porös gewordene Kern heraus. Mir erschien dies als ein Zeichen dafür, dass ich alte Glaubenssätze loslassen darf, um ganz in meine neue Vision zu kommen.

Versuche, am Ende deines Spaziergangs herauszufinden, was die Kernbotschaft deiner Begegnung mit der Natur ist. Auch wenn die Erlebnisse nicht zu der Frage, mit der du losgegangen bist, passen, so sind die Antworten vermutlich genau die richtigen für diesen Moment.

Lege aus Gegenständen, die für die Antworten und Erkenntnisse stehen, eine Spur für dich. Stelle dir vor, dass ein*e Fährtenleser*in deine Spur findet, und erkläre ihm*ihr ihre Bedeutung für dich. Lasse dich überraschen, ob du beim Spurenlegen noch weitere Erkenntnisse erhältst. Solltest du aus deiner Sammlung lieber ein Bild gestalten wollen, folge diesem Impuls. Du kannst diese Übung jederzeit wiederholen und deine Erfahrungen zu Hause oder in der Natur in dein Notizbuch schreiben.

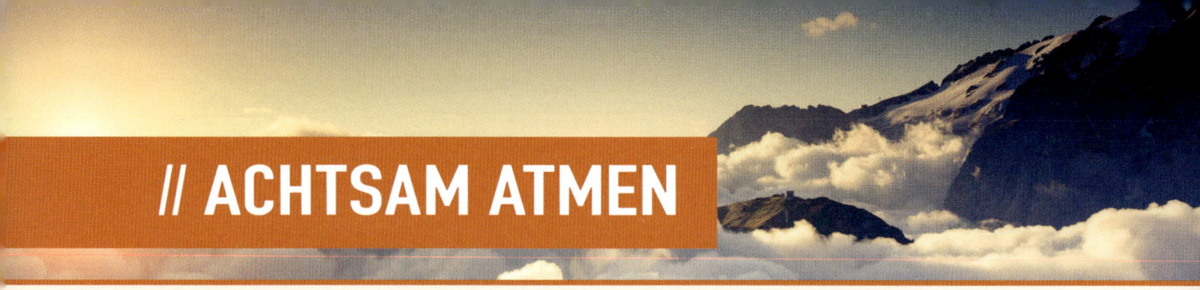

// ACHTSAM ATMEN

THEMA: Atemübungen

WIRKUNG: zur Ruhe kommen und Energie tanken

DAUER: 20 Minuten–2 Stunden

MATERIAL: eine Sitzunterlage

ORT: am besten im Wald

Die Aufmerksamkeit auf die Atmung zu lenken, hat besonders in der Natur viele positive Effekte. Richtiges Atmen lässt uns ruhiger und entspannter werden, unser Herzschlag und unser Puls beruhigen sich, Angst und Stress lassen nach, und die Konzentration nimmt zu. Die Lungenkapazität wird verbessert und das Immunsystem durch die Aufnahme heilsamer Terpene aus der Waldluft gestärkt. Wissenschaftliche Studien haben bewiesen, dass der Aufenthalt von nur einem Tag im Wald die Anzahl unserer Killerzellen um 40 % steigen lässt und deren Aktivität um 50 % erhöht. Diese Killerzellen können veränderte Körperzellen, z. B. Krebszellen, erkennen und zerstören. Dieser Effekt hält etwa sieben Tage an. Gleichzeitig produziert unser Körper bei einem längeren Aufenthalt in der Nähe vieler Bäume Anti-Krebs-Proteine. Das Eintauchen in den Wald an mindestens zwei bis drei Tagen im Monat ist ideal, schenkt uns wertvolle Energie und lädt unsere Batterien wieder auf.

Bei der ersten Atemübung kannst du dich entscheiden, ob du sitzen, stehen oder gehen möchtest. Ich empfehle dir eine Kombination. Solltest du dich für das Gehen entscheiden, suche eine etwa 2,5 km lange Strecke, da es nicht um sportliches Walken geht, sondern um achtsames Atmen. Lenke bereits auf dem Weg zu deinem Platz, falls du sitzen möchtest, oder beim Gehen deine Aufmerksamkeit auf deinen Atem. Achte darauf, ob du durch Nase und/oder Mund einatmest. Probiere aus, was dir am angenehmsten ist. Stelle dir beim Einatmen vor, dass gesunde Waldluft in deinen Körper fließt. Vielleicht kannst du sie auch riechen. Stelle dir beim Ausatmen vor, dass du mit jedem Schritt deinen Alltag weiter hinter dir lässt. Mit jedem Atemzug kommst du immer mehr bei dir und in der Natur an. Experimentiere mit deiner Atmung so lange, bis deine Atemzüge ganz von allein fließen und du sie als angenehm empfindest.

Suche dann einen Ort, an dem du eine Zeit lang im Stehen weiteratmest. Stelle dich so hin, dass deine Füße etwa hüftbreit auseinander sind. Lasse deine Schulter locker hängen, eher etwas nach hinten als nach vorn. Spüre nun, wie sich beim Einatmen dein Brust- und dein Bauchraum füllen.

Mache einige Atemzüge, bevor du dir beim Einatmen vorstellst, dass dein Atem in Richtung deiner Füße fließt. Mit jedem Atemzug stehst du fester auf dem Boden, so, als würden dir starke Wurzeln aus den Füßen wachsen und dich verankern. Genieße es, so fest und stabil auf der Erde zu stehen, und führe diese Atmung einige Minuten lang durch.

Für die nächste Atemübung kannst du dich auch hinsetzen. Verlangsame deine Atmung, indem du beim Einatmen bis vier oder fünf zählst und danach deinen Atem anhältst, bevor du wieder ausatmest und zählst. Öffne beim Ausatmen leicht deinen Mund. Solltest du mit deinen Gedanken abschweifen, bringe sie immer wieder zur Atmung zurück. Versuche, auf diese Weise einige Minuten lang zu atmen.

Das achtsame Atmen kannst du zu einem deiner täglichen Rituale machen, denn du kannst es an jedem Ort durchführen. Auch wenn du nicht in der Natur unterwegs bist, helfen dir diese Übungen dabei, dich zu entspannen.

// MONATSAUFGABE:
Dankbarkeitstagebuch

In diesem Monat lade ich dich ein, ein Dankbarkeitstagebuch zu führen. Erinnere dich an alle Momente, die du in diesem oder den letzten Monaten erfahren hast und für die du dankbar bist. Schreibe sie in dein Notizbuch, und versuche, dir jeden Tag oder jeden Abend Zeit dafür zu nehmen, deine Dankbarkeitsmomente für den vergangenen Tag aufzuschreiben. Vielleicht sind es Kleinigkeiten, z. B. die zwitschernden Vögel vor dem Fenster beim Aufwachen oder das Lächeln, das dir von einem anderen Menschen geschenkt wurde. Wenn du kein Tagebuch führen möchtest, kannst du auch einige Bohnen in der Hosentasche mitnehmen. Jeden Abend erinnerst du dich an all die schönen Momente des Tages und lässt dabei eine Bohne von der einen Hosentasche in die anderen wandern. Wie auch immer du deine Dankbarkeit festhalten möchtest, tue das auf deine Art und Weise. Diese kleine Übung ist ein großer Schlüssel zu innerer Zufriedenheit und Glück.

Solltest du noch weitere Übungen in der Natur machen wollen, die zu diesem Monat passen, empfehle ich dir Übung 27: »Geräusche meines Lebens«, Übung 42: »Meine Würde wahrnehmen – Steinmännchen«, Übung 67: »Wahrnehmungsübungen: Ohren anknipsen – Eulenblick« und Übung 71: »Selbstgespräche in Stille« aus meinem Buch »Coachingraum Natur« sowie die Übung »Schattenspiel« aus meinem Kartenset »Coachingraum Natur«.

5. MONAT:

Meine Gesundheit, mein Körper, mein Ich

Affirmation:

»Ich bringe Körper, Geist und Seele in Einklang.«

Auch an dieser Station deiner Reise geht es nur um dich, dieses Mal um deinen Körper, deine Gesundheit und dein Wohlbefinden. In meinem bisherigen Leben habe ich eines verstanden: Der Körper ist kein Teil von mir, sondern ich bin gleichermaßen Körper, Geist und Seele.
Meinen Körper von mir loszulösen, käme einer Trennung gleich, die sich für mich nicht stimmig anfühlt. Aus diesem Grund orientiert sich einer meiner Leitgedanken an Herrmann Hesse, für den der Körper die Übersetzung der Seele ins Sichtbare darstellte.

Wenn wir unserem Körper nicht genug Aufmerksamkeit schenken, ihn vernachlässigen und nicht pflegen und wertschätzen, macht er sich bemerkbar, zunächst mit kleinen Schmerzen in verschiedenen Körperteilen, durch Hautausschläge oder Unwohlsein, später mit ernsthaften Krankheiten.
Aus diesem Grund möchte ich dich motivieren, dich in diesem Monat mit dir und deiner Gesundheit zu beschäftigen. Mithilfe des Modells der Gesundheitspyramide kannst du erkennen, was dich dabei unterstützt, in einem gesunden Körper zu leben. Wir machen sehr unterschiedliche Übungen zum Thema »Gesundheit«. In der Übung »Die Säulen meiner Gesundheit« wirst du noch einmal gezielt in deinen Körper hineinspüren können, bevor du mit einzelnen Teilen in Kontakt trittst. Die Übung »Raus aus der Gewohnheit, rein ins Leben« kann dir im übertragenen Sinne helfen, das Thema der Gesundheit anders anzugehen.

MODELL: Die Gesundheitspyramide

Das Modell der Ernährungspyramide ist weit verbreitet und auch sehr bekannt. Ich habe das Modell für den Gesundheitsbereich angepasst. Es gilt für die Bereiche »Körper«, »Geist« und »Seele«, die für die Gesundheit eine wichtige Rolle spielen. Sie wirken auf allen Ebenen und werden durch alles, was wir tun, beeinflusst. Die unterste Ebene stellt die Basis der Gesundheit dar. Sie beinhaltet die allgemeinen Bereiche der Bewegung, der Ernährung und einer ausgeglichenen Work-Life-Balance, womit eine Ausgewogenheit zwischen Schlafen, Arbeiten, Anspannung und Entspannung gemeint ist. Da alle diese Faktoren im wechselseitigen Austausch mit der Psyche stehen, sich quasi gegenseitig beeinflussen, ist diese aus meiner Sicht eine der wichtigsten Grundlagen für die Gesundheit eines Menschen.

Die darüber liegenden zwei Ebenen beschreiben den Menschen in seiner Einzigartigkeit. Sie spiegeln die praktische Umsetzung seiner Gesundheitsvorsorge, d. h., was konkret und wie oft im Alltag etwas für die Gesundheit getan wird. In diesen Ebenen wird die Pyramide individuell gestaltet.

Die mittlere Ebene zeigt an, was die Aufrechterhaltung der Gesundheit im Alltag unterstützt bzw. welche Maßnahmen unternommen werden, z. B. gesund essen, wöchentlicher Sport, ausreichend trinken, aber auch Zeit in der Natur. In der Spitze der Pyramide finden sich die Aktivitäten, die deutlich seltener gemacht werden, die aber einen ebenso großen Effekt auf die Gesundheit haben, z. B. Urlaub.

Ich hoffe, dass du nach diesem Monat in der Lage bist, deine eigene Gesundheitspyramide zu erstellen. Sie kann statt drei Segmenten auch noch mehr enthalten. Dafür musst du herausfinden, welche Bereiche deine Grundlage für die Gesundheit sind und wie häufig du was konkret dafür tust. Je öfter du deinen Aktivitäten nachgehst, desto weiter unten werden sie in die Pyramide eingetragen, da sie deine persönliche Basis darstellen. Alles, was du eher selten machst, trägst du weiter oben ein, z. B. einen Saunabesuch.

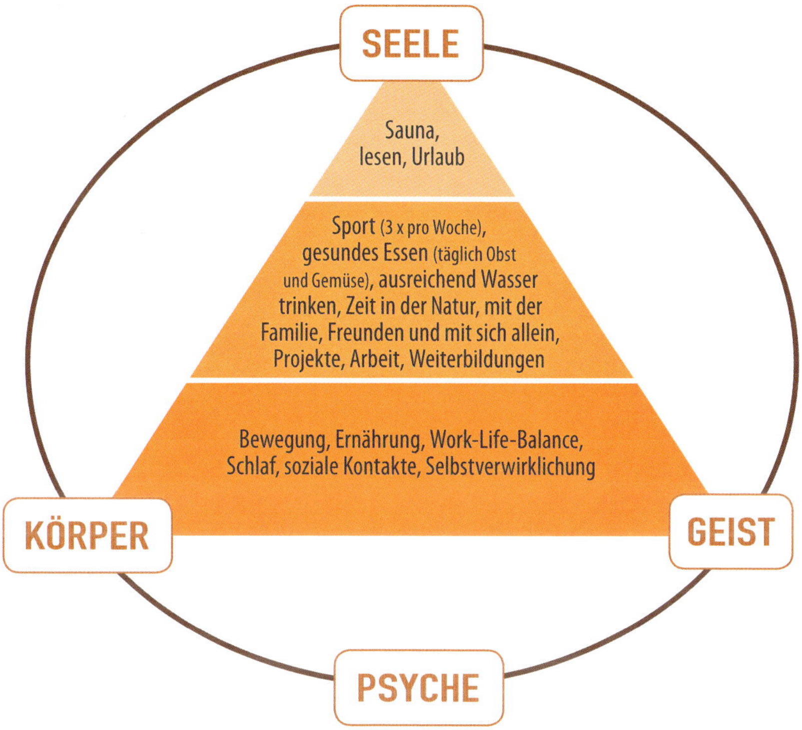

Abbildung: ein Beispiel einer Gesundheitspyramide

// ERFORSCHE DEINE GESUNDHEIT

THEMA: Beleuchten der Gesundheit

WIRKUNG: das eigene Gesundheitsbewusstsein wird verbessert

DAUER: je nach Aktivität unterschiedlich

MATERIAL: Notizbuch oder Papier und Stifte, Sportkleidung, eine Matte

ORT: überall

Bei dieser Übung geht es darum, dass du deine Gesundheit theoretisch und praktisch unter die Lupe nimmst. Stelle dir zunächst folgende Fragen, und beantworte sie schriftlich in deinem Notizbuch. Wähle den Ort, an dem du dies machst, frei aus.

» Wie gut stehst du mit deinem Körper in Verbindung?
» Trägt er dich durchs Leben, oder sind dir andere Lebensbereiche wichtiger?
» Was tust du dafür, dass es dir gut geht?
» Wie oft bewegst du deinen Körper?
» Wie viel Schlaf hast du täglich, und ist er ausreichend?
» Welche gesunden Lebensmittel gönnst du dir?
» Wie sieht dein Leben in zehn Jahren aus, wenn du genauso weiterlebst?
» Welche gesunden Verhaltensweisen würdest du dir am liebsten angewöhnen?
» Worauf bist du stolz? Welche gesunden Lebensgewohnheiten hast du etabliert?
» Welche Vorbilder hast du bezüglich der Gesundheit?
» Was möchtest du z. B. deinen Kindern vorleben?
» Was ist dein Leitspruch in Bezug auf dein Verhältnis zu deinem Körper?
» Welche Affirmation würde dir guttun?

Vielleicht ist es für dich richtig, dass du dir für diese Übung einen Menschen wählst, der dich unterstützt, die Fragen zu beantworten, und dich im praktischen Teil begleitet. Wähle eine Aktivität aus, die deiner Gesundheit guttut, z. B. jede Art von Bewegung wie Fahrradfahren, Walken, Wandern, Laufen oder Yoga oder auch das Ausüben einer Entspannungsmethode wie Meditation, Autogenes Training oder Progressive Muskelentspannung. Auch das Zubereiten einer gesunden Mahlzeit kann solch eine Aktivität sein.

Lasse dich von der Gesundheitspyramide auf S. 81 inspirieren, und versuche, bei der Auswahl auf deinen Körper, deine Seele, deinen Geist und deine Psyche zu hören und das zu tun, was du gerade jetzt am meisten brauchst. Finde vor deiner Aktivität einen Satz, der genau beschreibt, wie es dir geht. Vielleicht gibt es zu deinem Satz auch eine Körperhaltung, die du einmal einnehmen kannst. Bewerte auf der Skala von 1 bis 10, wie es dir körperlich, geistig, seelisch und psychisch geht, und halte deine Erkenntnisse schriftlich fest.

Führe nun deine Aktivität durch, und achte genau darauf, wann du das Signal zum Beenden erhältst. Falls du z. B. wandern gehst, beende deine Wanderung zu dem für dich richtigen Zeitpunkt und nicht, wenn die Route vorbei ist. Schließe dann deine Augen, und achte auf dein Wohlbefinden. Was hat sich in deinem Körper verändert? Wie fühlst du dich jetzt? Beurteile erneut auf der Skala von 1 bis 10, wie es dir körperlich, geistig, seelisch und psychisch geht, und halte deine Erkenntnisse schriftlich fest. Vermutlich wird sich zeigen, dass diese Aktivität dir gutgetan hat. Finde auch für deinen jetzigen Zustand eine Körperhaltung und einen Satz.

Du hast nun den ersten Schritt getan, dich aktiv mit deiner Gesundheit auseinanderzusetzen. Vielleicht kann deine Aktivität für dich zur neuen Gewohnheit werden, und du kannst darauf aufbauen. Finde einen guten Weg, an diesem Thema weiterzuarbeiten, und nimm dir in diesem Monat vor, dich täglich aktiv mit deiner Gesundheit zu beschäftigen. Das können auch kleine Dinge sein, z. B., dass du täglich ausreichend Wasser trinkst oder hauptsächlich Obst und Gemüse isst. Im Verlauf des Monats werden wir uns noch intensiver mit deinen Säulen der Gesundheit bzw. deiner individuellen Gesundheitspyramide beschäftigen.

// RAUS AUS DER GEWOHNHEIT, REIN INS LEBEN

THEMA: Loslassen von Gewohnheiten, Spüren von Lebendigkeit

WIRKUNG: die eigene Komfortzone wird erweitert

DAUER: offen

MATERIAL: Notizbuch oder Papier und Stifte, ein Kompass oder ein Smartphone, eine Sitzunterlage

ORT: überall

In dieser Übung geht es darum, dass du deine Gewohnheiten verlässt und dir vergegenwärtigst, was du wirklich für dich und dein Leben möchtest. Oft sind wir uns unserer Ziele bewusst, und dennoch gibt es Stolperfallen und Momente der Trägheit, die es uns erschweren, unseren Zielen näher zu kommen. Auch fehlt uns manchmal der Mut, unsere großen Träume zu verwirklichen.

Suche dir einen Tag aus, an dem du zeitlich nicht so stark eingebunden bist. Erlaube dir an diesem Tag, alles zuzulassen, was dir widerfährt. So kann es sein, dass du dich gedanklich auf einen Naturaufenthalt von etwa einer Stunde eingestellt hast, aber merkst, dass du viel mehr Zeit brauchst.

Packe in deinen Rucksack alles ein, was du für diesen Tag als wichtig empfindest. Suche dann einen Ort auf, den du noch nicht kennst. Das kann ein Wanderweg sein, den du allein gehst. Versuche, schon in der Planung eine deiner Gewohnheiten zu verändern. Wenn du gern wanderst, dir vorher aber immer einen Weg aussuchst, dann ziehe dieses Mal einfach ohne Plan los. Oder du weichst beim Packen deines Rucksacks von deiner Routine ab. Nimm dir an diesem Tag vor, möglichst viele Dinge anders zu machen als gewöhnlich. Damit du dich nicht verläufst, kannst du deinen Standort zu Beginn deiner Wanderung in deinem Smartphone speichern. Dann allerdings vertraue dich deinem Orientierungssinn an.

Überrasche dich selbst, indem du alles Gewohnte hinter dir lässt und deinen Tag wie ein neugieriges Kind durchlebst. Genieße dieses Abenteuer, und halte die Momente fest, in denen du das Gefühl hast, lebendig zu sein. Freue dich über jede Begegnung und jeden Augenblick, in dem du frei atmest und gedankenlos wanderst.

Da jeder Mensch andere Gewohnheiten hat, möchte ich dir nicht mehr Ideen mit auf den Weg geben, sondern dich selbst experimentieren lassen, wie du deine gewohnten Pfade verlassen kannst. Bevor du den Rückweg antrittst, überlege dir, welche deiner Alltagsgewohnheiten du gern anders gestalten möchtest. Nimm dir drei Gewohnheiten vor, die du bis zum Ende des Monats oder sechs Wochen lang täglich veränderst. Reflektiere nach dieser Zeit, welche deiner alltäglichen Gewohnheiten sich tatsächlich gewandelt haben.

// DIE SÄULEN MEINER GESUNDHEIT

THEMA: Erkennen der eigenen Gesundheitssäulen

WIRKUNG: im besten Fall gesünder leben

DAUER: 60 Minuten

MATERIAL: Notizbuch oder Papier und Stifte, Karten zum Beschriften

ORT: überall

Die Säulen der eigenen Gesundheit werden oft erst relevant, wenn es schon zu spät ist. Bei den ersten Schmerzen wird uns bewusst, wie einschneidend das Thema »Gesundheit« sein kann. Deswegen möchte ich dir nahelegen, dass du dir verdeutlichst, wie du mit dir und deiner Gesundheit umgehen möchtest.

Meiner Mutter bin ich sehr dankbar, dass sie sich seit Jahren um ihre Gesundheit kümmert und dadurch ein Vorbild für mich ist. Mit ihren 82 Jahren ist sie immer noch allein auf der Langlaufpiste unterwegs oder fährt mit ihrem E-Bike bis zu 90 km. Sie wirkt sehr zufrieden und ausgeglichen und führt das selbst vor allem auf ihren Gesundheitszustand zurück.

Einige Tipps sollen dich dabei unterstützen, konkret etwas für deine Gesundheit zu machen:

» viel Bewegung an der frischen Luft, z. B. Radfahren, Wandern
» jeden Tag einen gesunden Smoothie trinken
» Freunde treffen
» Konzerte und Theaterbesuche
» Energiearbeit, Arbeit mit den Chakras
» dankbar und demütig durchs Leben gehen
» offen sein und dazulernen wollen

An diesem Tag ist es wichtig, dass du ehrlich zu dir bist. Die Gesundheit besteht meiner Meinung nach aus verschiedenen Bereichen oder Säulen. Diese unterschiedlichen Säulen unterteilen die Übung in mehrere Abschnitte. Du kannst sie alle an einem Tag durchführen oder dir jeden Tag eine andere Säule vornehmen. Werde dir zuerst einmal bewusst, welche einzelnen Gesundheitssäulen dir wichtig sind. Dazu kann dich die Gesundheitspyramide auf S. 81 inspirieren: Bewegung, Ernährung, Work-Life-Balance, Schlaf, soziale Kontakte, Selbstverwirklichung. Vielleicht gibt es für dich aber auch noch andere bedeutende Aspekte. Übertrage sie in dein Notizbuch, oder finde für jede Säule einen Gegenstand in der Natur. Du kannst auch kleine Karten nutzen, auf denen du deine Säulen festhältst. Suche dir aus, mit welcher Säule du anfangen möchtest.

Suche dann in der Natur einen kleinen Berg, den du besteigen kannst, und stelle dir vor, dass dieser Berg für deine Gesundheitspyramide steht. Bevor du den Aufstieg beginnst, ordne deine Säulen der Wichtigkeit nach an. Dies stellt die Reihenfolge dar, worauf du beim Aufstieg deinen Fokus richten möchtest. Solltest du z. B. fünf Säulen haben, dann ist dein Aufstieg in fünf Abschnitte unterteilt. Du fokussierst dich im ersten Abschnitt auf die Säule, die du als am unwichtigsten eingeordnet hast, und beendest deinen Aufstieg im fünften Abschnitt mit deiner Aufmerksamkeit auf der Säule, die dir am wichtigsten ist.

Starte deinen Weg, und nimm deine erste Säule in Form des Naturgegenstands oder der Karte in die Hände, oder stelle sie dir innerlich vor. Alle anderen Stellvertreter kannst du in deinem Rucksack verstauen. Reflektiere beim Gehen die folgenden Punkte im Hinblick auf deine erste Säule:

» Wie stark achtest du auf einer Skala von 1 bis 10 in deinem Alltag auf diese Säule?
» Hattest du sie schon einmal stärker im Fokus?
» Was möchtest du an ihr ganz konkret verändern?
» Wer wird sich für dich freuen, wenn du etwas verändert hast?
» Was war bisher der Vorteil davon, dass du diese Säule vernachlässigt hast?
» Wie wird dein Leben in fünf Jahren aussehen, wenn du diese Säule veränderst?

» Wer kann dich darin unterstützen, dein Vorhaben durchzuführen?
» Was verändert sich in deinem Alltag, wenn du diese Säule stärker in deinen Fokus rückst?
» Welche positive Affirmation kannst du zu dieser Säule und deinem Vorhaben finden?
» Wie fühlt sich diese Säule in deinem Körper an?

Diese Fragen kannst du dir zunächst beim Hochgehen beantworten, bevor du sie und deine Antworten am Ende des Abschnitts zur ersten Säule in dein Notizbuch überträgst. Spüre nach, ob du diese Säule irgendwo in deinem Körper wahrnimmst. Vielleicht fällt dir auch eine Körperhaltung dazu ein. Verändere diese Körperhaltung dementsprechend, wie du deine Säule gern in Zukunft hättest. Lege auch einen ersten kleinen Schritt fest, um diese Säule konkret zu verändern.

Verfahre auf diese Weise auf deinem Weg zur Bergspitze mit allen deinen Gesundheitssäulen, indem du dir immer wieder die oben angeführten Fragen stellst, dich körperlich in die Säule einfühlst und den ersten kleinen Schritt zur Veränderung festlegst.

Wenn du oben auf dem Gipfel angekommen bist, kannst du noch einmal reflektieren, ob sich die Bedeutungen deiner Säulen verändert haben. Lege oder stelle ihre Stellvertreter um dich herum, und gestalte daraus ein Bild. Welche Säule steht im Mittelpunkt, und welche ist eher außen? Worauf liegt deine größte Aufmerksamkeit? Was wirst du ab heute verändern? Halte diese Veränderungen in deinem Notizbuch fest, oder erzähle einem dir wichtigen Menschen davon. Übertrage deine Ergebnisse auch in deine Gesundheitspyramide, die du in der Monatsaufgabe erstellst.

// EXPERTENGESPRÄCH MEINER KÖRPERTEILE

THEMA: Auseinandersetzen mit dem eigenen Körper

WIRKUNG: der Kontakt zum eigenen Körper verbessert sich, Signale werden deutlicher wahrgenommen

DAUER: 60 Minuten

MATERIAL: Notizbuch oder Papier und Stifte, eine Decke oder Matte

ORT: überall

Oft verlieren wir im Leben den Kontakt zu unseren Körperteilen. Wir werden uns ihrer erst bewusst, wenn wir Schmerzen verspüren oder sie nicht mehr so funktionieren, wie wir es uns wünschen. Deswegen möchte ich dir heute folgende Übung mit auf den Weg geben.

Bevor du in die Natur gehst, kannst du in deinem Notizbuch ein Körperbild zeichnen. Dieses Bild kann wie ein Strichmännchen aussehen oder deinen wahren Körperformen entsprechen. Notiere zu deinem Körperbild alle Stellen, in denen du in letzter Zeit Schmerzen und Verspannungen verspürt hast oder die du verändern möchtest. Du kannst diese Stellen auch farblich markieren oder einfach etwas daneben schreiben.

Gehe mit deinem Notizbuch in die Natur, und suche einen Ort, an dem du diese Übung durchführen möchtest. Auf dem Weg dorthin kannst du in alle Körperteile noch einmal hineinspüren und sie beim Gehen ganz bewusst wahrnehmen. Sammle für alle Stellen, mit denen du heute in Kontakt treten möchtest, einen Stein oder einen anderen Naturgegenstand.

Wenn du an deinem Platz angekommen bist, breite deine Decke oder Matte aus. Lege dich ganz entspannt darauf, und spüre aus dieser Position heraus in deinen Körper und in die einzelnen Bereiche. Wo fühlt es sich in diesem Augenblick schmerzhaft oder verspannt an? Vielleicht möchtest du genau in diese Körperstelle atmen. Wähle nun einen deiner Gegenstände aus, und platziere ihn genau auf dem Teil deines Körpers, der für dich gerade besonders bedeutsam ist. Lege dann deine Hände auf dein Herz oder auf deinen Bauch. Gehe in Verbindung mit deinem Bauch- oder Herzgefühl und mit deiner Intuition. So verbunden mit dir selbst, kannst du nun diese Körperstelle befragen, was sie dir z. B. mit dem Schmerz sagen möchte. Du kannst auch erfragen, was dieser Bereich sich von dir wünscht.

Lege deine Hände auf den Naturgegenstand und somit auf die besagte Körperstelle. Welche Antwort kannst du innerlich hören? Was hat dir dieser Bereich zu sagen? Lasse einen Dialog zwischen deinem Bauch bzw. Herz und dem Körperteil entstehen.

Solltest du die Übung nicht im Liegen durchführen wollen, kannst du sie auch im Stehen machen. Lege dazu die Umrisse deines Körpers aus Naturmaterialien auf den Boden, stelle dich an den entsprechenden Körperteil, und spüre dort hinein, was er dir sagen möchte. Wechsle dann zu deinem Bauch- oder Herzplatz, und komme in einen Dialog.

Führe dieses Expertengespräch mit allen Körperstellen weiter, die für dich heute wichtig sind. Auch wenn du keine Antworten erhältst, so trittst du in Kontakt mit dir selbst und deinem Körper. Vielleicht entwickelt sich auch zwischen den einzelnen Bereichen ein Gespräch, oder dein Körperempfinden und deine Atmung verändern sich. Lasse dich bei dieser Übung überraschen, welche Botschaften du empfängst und wie dein Körper reagiert.

Schreibe am Ende der Übung die Essenzen dessen, was du erfahren hast, in dein Notizbuch. Was möchtest du in Zukunft für die Körperstellen tun, die dich einschränken, belasten oder die schmerzen? Finde wieder einen ersten kleinen Schritt, etwas für deine Gesundheit und deinen Körper zu tun. Halte auch dein Vorhaben schriftlich fest, oder teile es mit einem lieben Menschen.

// MONATSAUFGABE:
Meine Gesundheitspyramide

Als Monatsaufgabe möchte ich dich einladen, deine eigene Gesundheitspyramide zu erstellen, die deine aktuelle Situation widerspiegelt. So kannst du zunächst in die unterste Ebene alles eintragen, was du als Basis im Modell findest (Bewegung, Ernährung, Psyche, Schlaf, soziale Kontakte, Selbstverwirklichung, Work-Life-Balance). Vielleicht fallen dir weitere Punkte ein, die für dich in dem unteren Teil stehen sollen. Dann kommt die nächste Ebene, in die du alles einträgst, was du persönlich am häufigsten für deine Gesundheit tust. Solltest du z. B. regelmäßig Sport machen, dann trägst du dies in diese Ebene ein. Genauso kannst du hier ein Hobby, das dir guttut, festhalten. Versuche, alle Aktivitäten und Gewohnheiten, die deiner Gesundheit zuträglich sind, einzutragen. Dabei siedelst du alle Dinge, die du nicht so oft durchführst, weiter oben an. In der Spitze deiner Pyramide stehen alle Dinge, die du nur selten machst, die für deine Gesundheit aber ebenso wichtig sind, z. B. Urlaub. Es ist dir überlassen, wie viele Ebenen deine Pyramide hat.

Solltest du noch weitere Übungen in der Natur machen wollen, die zu diesem Monat passen, empfehle ich dir Übung 32: »Der Aufstieg«, Übung 34: »Aus alten Mustern ausbrechen«, Übung 36: »Mein Körperbild«, Übung 39: »Sich im Kreis drehen«, Übung 40: »Mein Thema in Bewegung bringen«, Übung 42: »Meine Würde wahrnehmen – Steinmännchen« und Übung 68: »Meditatives Gehen – mit Veränderung des Blickfeldes« aus meinem Buch »Coachingraum Natur«.

6. MONAT:
Meine Gefühlswelt

Affirmation:
»Ich erkenne meine Gefühle und erlaube mir, sie auszuleben.«

Am Ende dieses Monats hast du unsere gemeinsame Reise zu dir selbst zur Hälfte hinter dir. In diesem Monat steht deine Gefühlswelt im Fokus. Sie zu erkunden, kann sehr aufschlussreich und heilsam sein, da wir Menschen jedes Gefühl mit unserem ganzen Körper erleben und ausdrücken. Das können wir auch sehr gut an Kindern sehen. Sie werfen z. B. im Sandkasten mit Sand, wenn sie wütend sind, oder umarmen spontan ein fremdes Kind, wenn sie sich freuen.

Eine Gruppe Neurowissenschaftler der finnischen Aalto-Universität konnte nachweisen, dass Gefühle sich in bestimmten Körperregionen bemerkbar machen. Während Glück im ganzen Körper spürbar ist und diesen anregt, ist Traurigkeit eher in den Armen und Beinen wahrnehmbar. Bei Depressionen kann sich der gesamte Körper kalt und schlaff anfühlen. Stolz finden wir im Kopf und im Brustraum wieder.

Unsere Gefühle möchten ausgelebt werden. Wenn wir das nicht tun, speichert unser Körper sie in unserem Gehirn, unseren Zellen und unserer Muskulatur ab. Dadurch können unterdrückte Gefühle zu körperlichen Stressreaktionen führen, das Immunsystem schwächen und Krankheiten auslösen, z. B. Bluthochdruck, Herzerkrankungen und Magenprobleme. Auch auf psychischer Ebene können Erkrankungen wie Depressionen oder Angstzustände entstehen. Ein gesunder Ausweg ist, dass wir unsere Gefühle verstehen lernen und den Umgang mit ihnen erforschen.

Mithilfe der Übungen in diesem Monat kannst du in die Welt deiner Gefühle eintauchen. Auch die Verbindung zwischen Körper und Gefühlen werden wir ergründen, und dies kann dir helfen, in Zukunft leichter von einem Gefühl in ein anderes zu wechseln.

MODELL: Das Fußball-Modell

Wenn du gern Fußball spielst oder verfolgst, wirst du sicherlich schnell verstehen, warum ich dir dieses Modell vorstelle. Fußballspiele zeigen uns Gefühlsausbrüche jeglicher Art: Wir sehen Freudentänze genauso wie Tränen und Frustration. Das Schauen eines Fußballspiels oder das aktive Spielen ist also ideal, um an seine Gefühle heranzukommen. Ich nenne diese Methode auch »4-S-Modell«, da in ihm wichtige Funktionen von Spieler*innen eine Rolle spielen:

» Spielmacher*in
» Stürmer*in
» Spielverderber*in/Verteidiger*in
» Schiedsrichter*in

Jede dieser Personen steht auf dem Spielfeld mit einer anderen inneren Haltung oder Vision. Während die Stürmer*innen vielleicht kopflos auf das Tor zusprinten, wägen die Spielmacher*innen eher ab, welche Spieler*innen sie wann mit einbeziehen. Als Spielverderber*innen gelten die Verteidiger*innen, die dafür sorgen sollen, dass die gegnerische Mannschaft kein Tor erzielt, und den Stürmer*innen den Ball abjagen. Die Schiedsrichter*innen versuchen, möglichst neutral dem Spiel gegenüberzustehen.
Vielleicht erkennst du bereits mithilfe dieser ersten Beschreibung, welche Spielerrollen dir vertraut sind bzw. welche Eigenschaften du in dir trägst. Vermutlich haben wir alle Qualitäten ein Stück weit in uns vereint. Im Leben ist es aber wichtig, möglichst die richtigen Eigenschaften zum richtigen Zeitpunkt zu aktivieren und einzusetzen.

Im Folgenden möchte ich noch etwas näher auf die unterschiedlichen Qualitäten der Spielerrollen eingehen. Die **Spielmacher*innen** sind gut im Verteilen von Aufgaben und bewahren in der Regel einen Überblick über das Spielgeschehen. Sie sind die Gestalter*innen des Spiels und beziehen andere Spieler*innen mit ein. Im übertragenen Sinne meint dies, dass diese Rolle Strategien zur Problemlösung entwickelt, diese in Teilaufgaben aufgliedert und die richtigen Personen zurate zieht. **Stürmer*innen** haben vor allem das Ziel, ein Tor zu schießen, im übertragenen Sinne also sofort Lösungen für ein Problem zu finden. Ihre innere Haltung ist die Vorwärtsbewegung mit dem Gefühl »Ich schaffe das«. Sollten sie zu schnell und zielstrebig sein, also zu kopflos agieren, können sie von den verteidigenden Spieler*innen durchaus aufgehalten werden. Die **Verteidiger*innen** erfüllen ihren primären Zweck, wenn sie das Streben zum Tor unterbinden. Im übertragenen Sinne meint dies, dass die Rolle z. B. Bedenken vorbringt oder das Ziel anzweifelt. An dieser Stelle im Fußball kommen möglicherweise die **Schiedsrichter*innen** ins Spiel und klären die Situation möglichst aus einer neutralen Perspektive. Als Entscheidung oder Sanktion können sie z. B. eine Gelbe oder Rote Karte aussprechen, einen Strafstoß, den Elfmeter, festlegen oder auch ein berechtigtes Tor bestätigen. Im Fußball-Modell geht es darum, alle Spieler*innen in miteinander Kontakt zu bekommen.

In der Arbeit mit diesem Modell werden vier Stühle im Raum verteilt und mit den Spielerrollen markiert. Ein fünfter Stuhl befindet sich in der Mitte der anderen Stühle. Er steht für das Tor im Fußball und somit das Thema oder das Problem der Person, die mit diesem Modell arbeitet.

Abbildung: Die Anordnung der Stühle im Fußball-Modell

Das Thema sollte in Form einer Frage beschrieben werden, z.B. »Wie kann ich in Zukunft …?« Nachdem das Thema benannt wurde, bewegt sich die Person nun nacheinander auf die einzelnen Positionen und nimmt die Sichtweise der Spielerrollen ein. Dabei werden die Positionen im Wechsel so lange verändert, bis alle Rollen eine neue taktische Idee zu dem Problem entwickelt haben. Die Schiedsrichter-Rolle nimmt in diesem Prozess eine besondere Stellung ein, da sie als neutraler Beobachter alle Für und Wider abwägt und maßgeblich an der Entscheidung beteiligt ist. Es ist also wichtig, diese Figur immer wieder mit einzubeziehen. Am Ende setzt sich die Person auf den Stuhl in der Mitte und prüft in sich, ob die neue taktische Idee, die in der Zusammenarbeit aller Rollen entstanden ist, umsetzbar ist.

// ÜBUNG ZUM FUßBALL-MODELL

THEMA: Erarbeiten von neuen Lösungswegen

WIRKUNG: die Sicht auf das Thema oder Problem verändert sich

DAUER: 60 Minuten

MATERIAL: Notizbuch oder Papier und Stifte, Karten zum Beschriften, eine Sitzunterlage

ORT: überall

Das Fußball-Modell lässt sich einfach in die Natur übertragen. Überlege auf deinem Weg in die Natur zunächst einmal, welches Thema du anschauen und bearbeiten möchtest. Formuliere dazu dann eine Frage, die mit folgenden Worten beginnt: »Wie kann ich in Zukunft …?« Schreibe deine Frage auf eine Karte. Du hast nun die Möglichkeit, die Spielerrollen (Spielmacher*in, Stürmer*in, Verteidiger*in, Schiedsrichter*in) auf vier Karten zu schreiben. Oder du findest stellvertretende Gegenstände auf deinem Weg. Visualisiere einen geeigneten Ort für die Übung. Gehe los, und lasse dich von diesem Ort finden.

Platziere die Karten oder Gegenstände dann um dein Thema herum, das du in die Mitte legst. Verbinde dich noch einmal mit deinem Thema, indem du dich auf diesen Platz stellst oder sitzt. Wie fühlt es sich an, hier zu stehen, und welche Gedanken begleiten dich? Welche Stimme der Spielerrollen möchtest du zuerst hören? Liegen sie alle an der richtigen Stelle, oder inspiriert dich der Platz dazu, sie noch einmal umzulegen? Vielleicht gibt es für dein Thema auch einen stellvertretenden Gegenstand oder einen Baum, sodass du deine Frage dort platzieren kannst.

Wechsle dann auf den Platz einer Spielerrolle, und spüre zunächst in diesen Anteil hinein. Ist er dir bekannt? Welches Gefühl nimmst du hier wahr? Wie fühlt es sich körperlich auf diesem Platz an? Wohin fällt dein Blick? Solltest du einen Gegenstand für die Spielerrolle nutzen, nimm ihn in die Hände, und ergründe ihn mit allen deinen Sinnen. Vielleicht ergibt sich über deine Wahrnehmung bereits eine Antwort auf deine Frage. Sollte das nicht der Fall sein, stelle die Frage noch einmal, und höre in dich hinein, welche Antwort du erhältst.

Wiederhole diesen Prozess auf einem anderen Platz, und wechsle so lange zwischen den Spielerrollen hin und her, bis sich eine Lösung für dein Thema abzeichnet. Stelle dir vor, dass sich diese Lösung wie das Tor beim Fußballspiel anfühlt. Feiere das Tor mit lautem Jubel. Vielleicht erfährst du auch, wieso es dir bisher nicht gelungen ist, eine geeignete Taktik zu finden.

Solltest du zu keiner Lösung kommen, erforsche, wer oder was dich daran hindert. Baue dir vielleicht ein Hindernis aus Naturmaterialien, und spüre, ob es zunächst darum geht, das Hindernis wertzuschätzen und wahrzunehmen. Vielleicht braucht es noch eine Zeit, bis alle Spielerrollen in dir bereit für den nächsten Schritt sind.

Da dieses Modell Ähnlichkeiten mit dem Inneren Team hat, kannst du natürlich auch weitere Teammitglieder integrieren. Finde für dich am Ende einen guten Abschluss. Dieser kann so aussehen, dass du dir erste Lösungsschritte überlegst, die du im Alltag umsetzen möchtest. Wer von den Spielerrollen kann dich dabei begleiten? Wie kannst du dich an dein Ergebnis im Alltag erinnern? Vielleicht möchtest du einen Naturgegenstand als Anker mitnehmen oder eine Körperhaltung, Geste oder Affirmation finden.

Weitere Impulse für deinen Lösungsweg kannst du auf dem Rückweg über die Natur erhalten. Stelle dir dazu vor, dass du auf deinem Lösungsweg gehst, und schaue, was die Natur dir spiegelt. Welches Tier begegnet dir, welcher Baum spricht dich an, und was hörst du? Nimm alles wahr, ohne es zu bewerten, und lasse dich davon überraschen, welche neuen Ideen dir auf deinem Heimweg kommen.

Schreibe alle wichtigen Erkenntnisse am Ende in dein Notizbuch, und berichte einem lieben Menschen, der dich bei der Umsetzung deines Lösungswegs unterstützt, von deinen Erlebnissen.

// KÖRPER UND GEFÜHL

THEMA:	Körper und Gefühle in einem neuen Kontakt
WIRKUNG:	ein positives Gefühl erzeugen
DAUER:	45 Minuten
MATERIAL:	Notizbuch oder Papier und Stifte, ein Fotoapparat oder ein Smartphone
ORT:	überall

Für diese Übung ist es hilfreich, wenn du dein momentanes Gefühl kennst. Solltest du unsicher darüber sein, versetze dich in eine Situation zurück, in der dir dein Gefühl bewusst war. Komme zunächst ganz in deinem Körper an, indem du dich von unten nach oben mit deinen Händen abklopfst. Auf diese

Weise aktivierst du deinen Körper. Klopfe auch entlang deiner Arme und vorsichtig auf deinem Kopf.

Suche in der Natur einen Ort, der zu deinem Gefühl passt. Auf dem Weg dorthin kannst du dir noch einmal selbst erzählen, wie es entstanden ist. Gab es einen besonderen Anlass? War ein anderer Mensch involviert? Sobald du an deinem Platz angekommen bist, kannst du eine Körperhaltung einnehmen, die deinem Gefühl entspricht. Verharre in ihr, und stelle dir vor, dass du dich innerlich leer machst. Lenke deine Aufmerksamkeit auf deine Körperhaltung und auf alles, was um dich herum passiert. Was siehst oder hörst du von deinem Platz aus? Gibt es ein Bild, das dir etwas zu deinem Gefühl sagt? Was passiert mit deinem Gefühl, wenn du in der Haltung bleibst? Verspürst du den Wunsch, sie zu verändern?

Sollte dies der Fall sein, tue das so lange, bis es sich gut anfühlt. Fühle dann in dich hinein, und schaue, ob sich auch dein Gefühl verändert hat oder ob es gleich geblieben ist. Experimentiere mit deiner Körperhaltung, bis du meinst, dass sie und dein Gefühl zueinanderpassen.

An dieser Stelle möchte ich dir ein kleines Experiment vorschlagen, das ein positives Gefühl in dir erzeugen soll. Ziehe auf dem gesamten Rückweg deine Mundwinkel so nach oben, als ob du lächelst. Halte auch danach dieses Lächeln für zwei Minuten aufrecht, und höre in dich hinein, ob sich dein Gefühl verändert hat. Versuche, eine Körperhaltung zu finden, die deinem neuen Gefühl entspricht. Es ist wissenschaftlich erwiesen, dass das Hochziehen der Mundwinkel die Ausschüttung von Glückshormonen aktiviert, das Immunsystem stärkt und die Entspannung unterstützt. Solltest du dieses positive Gefühl erleben, nutze diesen kleinen Trick mindestens einmal am Tag und vor allem vor schwierigen Gesprächen. Eine positive innere Einstellung kann in solch einem Moment absolut hilfreich sein.

Falls du an diesem Thema weiterarbeiten möchtest, kannst du dies auch mit einem anderen Menschen tun. Frage ihn, welches Gefühl er an dir wahrnimmt, sobald du dir selbst deines Gefühls bewusst bist und die entsprechende Körperhaltung eingenommen hast. Je authentischer du bist, desto leichter ist es für den anderen, dich zu sehen und zu verstehen. Achte dabei auch auf deine Mimik und Gestik. Manchmal ist es hilfreich, sich dabei im Spiegel anzuschauen. Du kannst auch darum bitten, dass dein*e Übungspartner*in ein Foto von dir macht oder dich filmt. Wenn du von außen auf dich schaust, kannst du andere Dinge wahrnehmen als das, was du innerlich spürst. Halte deine Erkenntnisse in deinem Notizbuch fest, und übe ab jetzt deine Lieblingskörperhaltung immer wieder.

// GEFÜHLSPARCOURS

THEMA: Nachspüren der eigenen Gefühle

WIRKUNG: neue und bekannte Gefühle ausleben

DAUER: 60 Minuten

MATERIAL: Notizbuch oder Papier und Stifte

ORT: überall

Den Gefühlsparcours habe ich in meiner Ausbildung zur CoreDynamik-Therapeutin kennengelernt. Diese Übung war für mich sehr eindrücklich, und ich möchte sie dir in veränderter Form weitergeben. Überlege dir auf dem Weg in die Natur, welche Gefühle du im Alltag auslebst. Das können die Grundgefühle wie Trauer, Angst, Wut, Freude und Ekel sein oder auch nuanciertere Gefühle wie Liebe, Eifersucht, Scham, Trotz, Ohnmacht, Wissbegier, Mutlosigkeit … Suche für jedes Gefühl einen anderen Ort. Wähle sie so, dass sie nah beieinanderliegen.

Im nächsten Schritt lade ich dich ein, jeweils den Gegensatz zu deinen Gefühlen zu finden. Vermutlich wirst du nicht immer nur traurig sein, sondern auch einmal fröhlich. Durch diese Gegensatzpaare kannst du gut herausfinden, welche Gefühle dir fremd sind bzw. welche du in deinem Alltag nie auslebst. Vielleicht fallen dir auch Gefühle ein, die du einmal erleben möchtest bzw. die du spannend findest. Stelle dir auf diese Weise wie bei einem Zirkeltraining deinen eigenen Gefühlsparcours zusammen. Ich empfehle dir mindestens fünf bis sechs Gefühle bzw. stellvertretende Orte. Für diese Übung brauchst du keine konkreten Erlebnisse im Kopf zu haben, es geht vielmehr darum, dass du dich in die Gefühle hineinbegibst.

Beginne die Übung, indem du dir intuitiv deinen ersten Gefühlsplatz aussuchst und dich mit ihm verbindest. Welche Bilder oder weiteren Gefühle tauchen in dir auf? Was möchten dein Körper und deine Stimme tun? Versuche, dich ganz in dieses Gefühl zu begeben, und folge dann dem Impuls, zu einem anderen Gefühl zu wechseln. Dabei ist die Reihenfolge, in der du den Gefühlsparcours durchlebst, ganz dir und deiner Intuition überlassen. An dieser Stelle gibt es kein Richtig oder Falsch. Es kann sein, dass du deine Wut einmal körperlich ausleben möchtest. Gestatte dir das, indem du z. B. mit den Fäusten in die Luft oder auf den Boden schlägst. Benutze auch deine Stimme, und lasse alle Wörter herauskommen, die in dir sind. Auch Schreien ist erlaubt.

Wechsle die Stationen mehrere Male, und lasse dich intuitiv treiben. Gehe auch zu den Plätzen, die dir fremd erscheinen oder vor deren Erleben du Angst hast. Du kannst als Variation an jeder Station ein Bild aus Naturmaterialien legen oder eines zeichnen. Vielleicht möchtest du singen oder ein Musikinstrument spielen. Alles ist erlaubt.

Halte am Ende deine Erfahrungen in deinem Notizbuch fest, und überlege dir, wie du deine Lieblingsgefühle in Zukunft stärker auslebst. Finde dafür kleine Rituale, die du gut täglich machen kannst.

// BERGFEST

THEMA:	Feiern des Erfolgs
WIRKUNG:	der eigenen Entwicklung bewusst werden
DAUER:	offen
MATERIAL:	alles, was du für die Feier brauchst
ORT:	überall

Heute möchte ich dich einladen, ein Bergfest zu feiern, auf deine bisherigen Erfolge zurückzublicken und sie zu würdigen. Du kannst das Fest allein zelebrieren oder es mit lieben Menschen teilen. Auch die Gestaltung ist ganz dir überlassen. Solltest du zu deinem Bergfest Freund*innen einladen, bitte sie, dich in die Natur zu begleiten. Bereite eventuell eine Kleinigkeit zum Essen und Trinken vor, und entscheide im Vorfeld, an welchem Platz du dein Bergfest begehen möchtest. Überlege dir auch, was du zeigen und erzählen möchtest. Was willst du explizit würdigen?

Dieses Bergfest ist ein unvergleichlicher Moment, besonders, wenn du andere Menschen an deiner Reise teilhaben lässt. Wenn du etwas vor Zeugen aussprichst, kann dir das helfen, dir deiner Erlebnisse bewusst zu werden. Bereite eine kleine Rede vor. Was gibt es nach den ersten sechs Monaten zu berichten? Finde auch eine Art Bühne, die zum Ausdruck bringt, wo du gerade im Leben stehst. Stelle dich für deine Rede auf die Bühne, und sprich alles laut aus. Beziehe jede wichtige Erfahrung und jeden heilsamen Moment mit ein. Vielleicht möchtest du dich bei der Natur bedanken oder auch bei den Menschen, die dich begleitet haben. Stelle dir vor, dass du dieses Bergfest vor allem für dich selbst feierst. Sei stolz auf deine Entwicklung. Bitte auch deine Freund*innen darum, aus ihrer Perspektive zu berichten, was sich bei dir verändert hat und wie sich das auf euren Kontakt auswirkt. Vielleicht nehmen sie einen Wandel wahr, der dir selbst nicht bewusst ist. Feiere nach deiner Rede dein Fest so, wie du es dir wünschst.

// MONATSAUFGABE: Gefühlsbarometer

In diesem Monat beschäftigen wir uns mit dem Thema »Gefühle«. Damit du gut in dieses Thema eintauchen kannst, möchte ich dir das Gefühlsbarometer vorstellen. Schreibe zuerst alle Gefühle, die du in deinem Alltag auslebst, auf kleine Karten. Nutze für jedes Gefühl eine andere Karte. Reflektiere am Abend, welche Gefühle dich den Tag über besonders begleitet haben, und mache einen Strich auf die entsprechende Karte. Im Laufe des Monats wirst du feststellen, welche Gefühle am präsentesten sind. Ordne die Karten so an, dass das häufigste Gefühl oben liegt und das Gefühl, das du nicht oft verspürst, ganz unten.
Finde in einem zweiten Schritt heraus, ob es Gefühle gibt, die immer aufeinanderfolgen. So kannst du z. B. erkennen, dass dich eine Enttäuschung aus der Freude bringt und dass du dann Wut und anschließend Neid verspürst. Vielleicht folgt auf den Neid letztlich die Trauer. Solltest du solch eine Kette an Gefühlen einmal erleben, ordne die Zettel in dieser Reihenfolge an, und prüfe, ob sich diese Abfolge ständig wiederholt. Wenn das der Fall ist, versuche, deine Gefühlskette zu durchbrechen, z. B. mit den Übungen aus diesem Monat.

Solltest du noch weitere Übungen in der Natur machen wollen, die zu diesem Monat passen, empfehle ich dir Übung 24: »Arbeit an Verletzungen«, Übung 35: »Kopf und Herz sprechen lassen« und Übung 55: »Versteckte Bedürfnisse aufdecken« aus meinem Buch »Coachingraum Natur« sowie die Übungen »Sichtbar und unsichtbar« und »Ängste überwinden« aus meinem Kartenset »Coachingraum Natur«.

7. MONAT:
Die Elemente in mir

Affirmation:
»Ich bin ganz in meinem Fluss.«

In diesem Monat beschäftigen wir uns mit den Elementen in der Natur: Feuer, Wasser, Erde und Luft. Die Lehre der vier Elemente besagt, dass alles Leben aus ihnen entspringt, und auch bestimmte körperliche und charakterliche Eigenschaften von uns Menschen werden ihrem Einfluss zugeordnet. Bereits im Mittelalter schrieb die heilkundige Äbtissin Hildegard von Bingen: »Im Menschen sind Feuer, Luft, Wasser und Erde, und aus ihnen besteht er. Vom Element Feuer hat er die Wärme, von der Luft den Atem, vom Wasser das Blut und von der Erde den Körper. Dem Feuer verdankt er das Sehen, der Luft das Hören, dem Wasser die Bewegung und der Erde seinen Gang.«
Auch die astrologischen Sternzeichen werden den Naturelementen zugeordnet: Wasser-Zeichen sind Krebs, Fische und Skorpion, zur Erde zählen Stier, Steinbock und Jungfrau, dem Feuer gehören Löwe, Widder und Schütze an, und der Luft werden Waage, Zwilling und Wassermann zugeordnet. Die Elemente Wasser und Erde werden als weiblich angesehen, Feuer und Luft hingegen als männlich.

Menschen, die sich mit dem Feuer verbunden fühlen, gelten als leidenschaftlich, temperamentvoll und selbstbewusst. Neben ihrer Unternehmungslust können sie jedoch auch eine zerstörerische Wut in sich tragen. Erde-Menschen dagegen sind eher ruhig, beständig und zielstrebig. Sie wirken vielleicht nicht so emotional, sind jedoch sehr fokussiert. Menschen, die sich dem Element Luft zuordnen, zeichnen Neugier und Kreativität aus. Sie sind aufgeweckt und sorgen oft für Überraschungen. Allerdings ändern sie schnell ihre Meinung, sind unbeständig und schwer zu ergründen. Wasser-Menschen sagt man nach, dass sie emotional und sehr einfühlsam sind. Sie können aber auch gereizt reagieren, wenn sie etwas nicht verstehen.

Dies soll als kleiner Input zu den Elementen reichen. In verschiedenen Übungen wirst du die Elemente genauer kennenlernen, genauso wie die unterschiedlichen Temperamente, die ihnen entsprechen. Leichtigkeit und Schwere werden wir erforschen sowie die Möglichkeit, sich zu erden oder das Lebenselixier Wasser zu erspüren. Außerdem gehen wir der Frage nach, was du in deinem Leben entflammen möchtest, und du wirst Strategien entwickeln, die Elemente in dir zu harmonisieren.

MODELL: Die Temperamentenlehre

Die Temperamentenlehre ist ein Persönlichkeitsmodell, das aus der antiken Humoralpathologie entwickelt wurde. Der griechische Arzt Hippokrates begriff dabei den Menschen als ein Ganzes, d.h., Körper und Geist waren für ihn eng mit der Persönlichkeit verbunden. Im Fokus stand, den Menschen in seiner Verschiedenartigkeit zu ergründen und zu verstehen. Galenos von Pergamon verknüpfte später die Vier-Säfte-Lehre mit der Temperamentenlehre und schuf damit eine Basis in der Krankheitslehre und Heilkunde, die bis ins 19. Jahrhundert Bestand hatte.

Rudolf Steiner, der Gründer der Waldorfschulen, entwickelte eine eigene Variante der Temperamentenlehre. Diese ist heute noch in der Naturheilkunde und in der Anthroposophie relevant. Wichtig dabei ist, dem einzelnen Menschen nicht nur ein Temperament zuzuordnen. Er trägt alle Anteile in sich, von denen in der Regel zwei vordergründig wahrnehmbar sind.

Die Temperamentenlehre unterteilt die Menschen in:

- Phlegmatiker*innen
- Sanguiniker*innen
- Choleriker*innen
- Melancholiker*innen

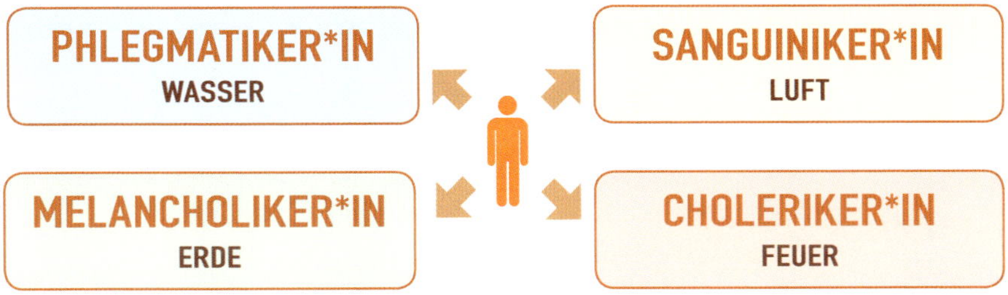

Abbildung: Die vier Temperamente und die dazugehörigen Elemente

Sanguiniker*innen werden dem Element Luft zugeordnet. Sie sind aktiv, charmant, liebenswert, lebhaft, redselig und sehr offen und strahlen Warmherzigkeit aus. Ihre Stärke ist der Frohsinn, zudem entdecken und improvisieren sie gern. Zu ihren Schattenseiten zählen Genusssucht, Eitelkeit, Unzuverlässigkeit und Eifersucht. Auch wirken sie durch ihre Art manchmal oberflächlich.

Melancholiker*innen sind dem Element Erde nah. Sie sind sehr gefühlvoll und sensibel und dadurch auch sehr tiefsinnig. Es sind treue und zuverlässige Menschen, die sehr diszipliniert, aber auch künstlerisch veranlagt sind. Ihre Schattenseite ist ihr Pessimismus. Außerdem sind sie leicht zu enttäuschen, verletzlich und wirken manchmal unentschlossen. Melancholische Menschen sind eher traurig, verschlossen und trübsinnig und haben Angst vor einer Blamage.

Choleriker*innen sind eng mit dem Element Feuer verknüpft. Sie sind sehr entschlussfreudig, tatkräftig, willensstark und zuversichtlich. Mit viel Disziplin und Arbeitseifer kommen sie zu einem Ergebnis und können Gruppen anleiten. Zu ihren Schattenseiten zählen Stolz, Größenwahn, Reizbarkeit oder auch die Verachtung anderer. Cholerische Menschen können starsinnig und rachsüchtig sein.

Phlegmatiker*innen sind dem Element Wasser zugeordnet. Sie sind gutmütige, friedliebende, eher ruhige und ausgeglichene Menschen. Da sie praktisch veranlagt sind, verfügen sie über eine gute Intuition und klares Denken. Außerdem sind sie eher bescheiden. Zu ihren Schattenseiten zählen Trägheit und Genusssucht. Manchmal wirken sie sehr bequem und teilnahmslos, selbstsüchtig oder unmotiviert.

// DIE TEMPERAMENTE ERFORSCHEN

THEMA: Erforschen der unterschiedlichen Qualitäten der Temperamente

WIRKUNG: den eigenen Handlungsspielraum erweitern

DAUER: 60 Minuten

MATERIAL: Notizbuch oder Papier und Stifte

ORT: überall

In der heutigen Übung möchte ich dich einladen, dich den unterschiedlichen Eigenschaften der Temperamente zuzuwenden. Wir alle besitzen vermutlich jede dieser Qualitäten, die sich zu verschiedenen Zeiten und Situationen zeigen. Überlege dir ein Projekt, das du gern in der Natur realisieren möchtest. Das kann z. B. das Bauen eines Turms sein, das Suchen von Kräutern oder das Erstellen eines Naturmandalas.

Gehe hinaus in die Natur, und finde einen Platz für diese Übung. Wähle eine der Eigenschaften, die du für dich erforschen möchtest, und verbinde dich mit ihr. Das Bauen des Turms kannst du z. B. mit dem Wesen des Phlegmatikers durchführen, also mit einer großen Ruhe und Gemütlichkeit. Wechsle nach einiger Zeit das Temperament, und fühle dich in eine andere Eigenschaft ein. Baue deinen Turm mit dieser Qualität im Fokus weiter. Versuche, dich bewusst auf die verschiedenen Eigenschaften und Temperamente einzulassen. Vielleicht verbindest du mit einem Wesenszug auch eine dir bekannte Person. Versuche, dich in sie einzufühlen, so zu tun, als seiest du diese Person, und das Projekt so auszuführen, wie sie es tun würde.

Finde heraus, welche der Eigenschaften dich bei deinem Projekt am besten unterstützt. Das Ziel der Übung ist, dass du dich einmal in Verhaltensweisen und Persönlichkeitsaspekte einfühlst und diese auslebst, die dir eher unbekannt sind. Vielleicht helfen dir gerade diese Eigenschaften bei zukünftigen Projekten bzw. Problemen. Experimentiere auch im Alltag mit den verschiedenen Qualitäten, und halte deine Erkenntnisse schriftlich fest.

// SICH ERDEN – BARFUßGANG

THEMA: Verbinden mit dem Element Erde

WIRKUNG: die Verbindung mit der Erde spüren

DAUER: 40 Minuten

MATERIAL: Notizbuch oder Papier und Stifte, eine Sitzunterlage oder Decke

ORT: überall

Diese Übung möchte ich dir unabhängig von der Jahreszeit ans Herz legen. Es ist jederzeit gut, seine Füße zu spüren und mit ihnen Kontakt zur Erde aufzunehmen. Gehe in die Natur, und suche einen Ort, an dem du ohne Schuhe und Strümpfe unterwegs sein kannst. Gehe nun die nächsten 30 Minuten lang barfuß auf der Erde. Suche dir auch unterschiedliche Bodenbeschaffenheiten, um diese mit deinen Füßen zu erforschen. Wie fühlt es sich an, ganz im Kontakt mit der Erde zu sein? Was kannst du über deine Fußsohlen wahrnehmen? Welcher Untergrund ist dir am liebsten? Wie fühlen sich deine Zehen so ganz ohne Hülle und Schutz an? Welche Bilder tauchen in dir auf? Welches Gefühl begleitet dich bei dieser Übung? Gibt es einen Impuls, dem du folgen möchtest? Fühlst du dich von der Erde getragen?

Erforsche mit deinen Füßen den Boden, und stelle dir vor, dass du dich dabei erdest. Fühle dich von der Erde getragen, und werde dir bewusst, dass sie deine Basis ist. Wenn du möchtest, kannst du dich auch hinsetzen oder -legen. Erspüre deine Verbindung mit der Erde mit deinem ganzen Körper, und gib für einen Moment alle Last und Sorgen an Mutter Erde ab. Beobachte dich dabei wie aus der Vogelperspektive, oder lausche den Geräuschen. Was und wer begegnet dir bei diesem Experiment? Welche Erfahrungen möchtest du am Ende in deinem Notizbuch aufschreiben? Überlege dir, wie du dich in Zukunft im Alltag gut erden kannst. Finde ein Ritual oder eine Übung, die dir dabei hilft.

// WAS MÖCHTE ICH ENTFLAMMEN?

THEMA: Ins-Leben-Rufen eines neuen oder alten Vorhabens

WIRKUNG: die Energie des Vorhabens erfahrbar machen

DAUER: 60 Minuten

MATERIAL: Notizbuch oder Papier und Stifte, eine Feuerschale, Streichhölzer

ORT: ein Platz, an dem Feuer gemacht werden darf

Das Element Feuer kann dich in deinem Leben dabei unterstützen, etwas zu befeuern, und es ist gleichzeitig in der Lage, etwas zu verwandeln. Überlege dir ein Projekt, das du entflammen möchtest. Es kann z. B. sein, dass du deiner Kreativität freien Lauf lassen willst oder in einen neuen Beruf, der dich fasziniert und begeistert, wechseln möchtest. Da du vermutlich einen großen Teil des Tages mit deiner Arbeit verbringst, solltest du auch in diesen Bereich hineinspüren und erfahren, was du entflammen und befeuern könntest.

Suche etwas heraus, was realistisch ist und vor allem deinem eigenen Wunsch entspricht und nicht dem anderer. Solltest du z. B. gern im Garten tätig sein, wähle ein konkretes Projekt, das du in der nächsten Woche umsetzen willst. Stelle es dir in allen Einzelheiten vor. Was wird dein erster Schritt sein? Wann wirst du diesen Schritt tun, und wer wird vielleicht daran teilhaben? Auf dem Weg in die Natur kannst du alle diese Fragen beantworten. Suche unterwegs leichtes und brennbares Naturmaterial. Vielleicht findest du Papierschnipsel oder trockene Rinde. Für dieses kleine Feuerritual benötigst du einen Platz, an dem du auch Feuer machen darfst, z. B. einen Grillplatz. Du kannst das Ritual aber auch mit einer feuerfesten Schale in deinem Garten machen, dann sammelst du in der Natur nur die Materialien zum Verbrennen.

Schreibe dein Projekt, das du entflammen möchtest, auf einen Zettel. Schichte die Naturmaterialien so, dass sie ein kleines Feuer ergeben. Bevor dein Feuer entzündest, erzähle dir und deiner Umgebung, welche einzelnen Schritte du von heute an unternehmen wirst. Entzünde es dann, übergib den Zettel dem Feuer, und versuche, dich so zu verhalten wie die Flammen. Stelle dir vor, dass dies ein kleiner Feuertanz ist, und bewege dich im Rhythmus der Flammen. Visualisiere dabei dein Projekt. Gehe es Schritt für Schritt durch, und stelle es dir in allen Einzelheiten vor. Zur Unterstützung kannst du gern Musik machen oder singen. Genauso gut kannst du dich von Vogelgezwitscher inspirieren lassen oder anderen Geräuschen, die dich umgeben. Versuche, dein Projekt vor allem körperlich ins Leben zu bringen, und spüre dabei das Feuer in dir.

Finde am Ende einen Satz oder eine Körperhaltung, die dich von nun an dabei unterstützt, dein Projekt zu realisieren. Wenn du möchtest, kannst du dir folgendes kleines Ritual angewöhnen: Mache dir täglich Notizen zu deinem Vorhaben. Halte die Schritte und Veränderungen so lange fest, bis du dein Projekt verwirklicht hast. Nutze diese Möglichkeit, etwas zu befeuern, auch für weitere Vorhaben.

// LEICHTIGKEIT UND SCHWERE

THEMA:	Erforschen, was im Leben leicht und was schwer ist
WIRKUNG:	über den Körper in die Leichtigkeit kommen
DAUER:	45 Minuten
MATERIAL:	ein leerer Rucksack, Notizbuch oder Papier und Stifte
ORT:	überall

Das Element Luft kann dich unterstützen, mit deiner Leichtigkeit in Kontakt zu kommen. Vielleicht hast du direkt ein Bild vor Augen von im Wind herumwirbelnden Blättern. Gehe in die Natur, und nimm einen leeren Rucksack mit. Gehe zuerst eine Zeit lang mit leichten Schritten voran. Spüre, wie es sich anfühlt, wenn du kein schweres Gepäck mit dir herumträgst. In unserem Alltag tragen wir jedoch oft Probleme oder Themen mit uns herum, deshalb sollst du im zweiten Schritt erforschen, welche Themen du im Gepäck hast. Was sind belastende Momente in deinem Leben? Welche Aufgaben schiebst du gern vor dir her? Was möchtest du in deinem Leben verändern?

Versuche, mithilfe dieser Fragen herauszufinden, was du mit dir herumträgst. Finde für jede Belastung einen Stein, ein Stück Holz oder etwas Ähnliches, was du in deinem Rucksack verstaust, und gehe dann deinen Weg weiter. Versuche, auch deinen Gang so zu verändern, dass du ganz in deine Schwere kommst. Was verändert sich dadurch in deinem Körper? Empfindest du das Gewicht als Belastung? Was wiegt am schwersten? Welche inneren Bilder und Gefühle tauchen auf? Hat deine Last einen Titel? Solltest du Schwierigkeiten haben, die Schwere zu spüren, suche dir einen Berg aus, den du mit deinem Rucksack besteigst. Trage das Gepäck so lange mit dir herum, bis der Moment kommt, an dem du dich ihm entledigen möchtest. Finde auch heraus, woher der Impuls kam, deine Last loszuwerden. Welche Gedanken, Gefühle und Bilder haben dich dabei begleitet?

Lege dann deinen Rucksack ab, und verbinde dich noch einmal mit allen eingesammelten Dingen. Nimm jeden Stein oder jedes Stück Holz in die Hände, und spüre auf diese Art und Weise, welche Belastung er oder es darstellt. Du kannst nun sehr spielerisch mit den Themen »Leichtigkeit« und »Schwere« arbeiten, indem du z. B. nur einen Stein in deinen Rucksack packst. Laufe deinen Weg ein Stückchen weiter, und versuche, die Luft einzuladen, dich voranzutreiben und beim Tragen deiner Last zu unterstützen. Ändere deinen Gang, indem du mit sehr viel Leichtigkeit weitergehst. Stelle dir vor, dass der Wind von hinten bläst und dich vorwärts schiebt. Wie verändert sich deine Last im Rucksack? Welche Ideen entstehen in dir dazu, wie du mit der Belastung in deinem Alltag weitergehen kannst? Welchen ersten Schritt kannst du tun, um dieses Thema zu verändern? Hat dein Gepäck vielleicht eine zusätzliche Funktion? Manchmal bleiben wir gern in einer Opferhaltung, damit sich nicht wirklich etwas in unserem Leben verändert. Doch wir müssen uns nicht vor Veränderungen schützen, denn wir selbst bestimmen, in welche Richtung sie verlaufen. Finde heraus, wie dich das Element Luft unterstützen kann. Wie kannst du noch mehr Leichtigkeit in dein Leben bringen? Welche Belastungen kannst du so verändern, dass die Leichtigkeit deutlicher zu spüren ist?

Experimentiere eine Zeit damit, wie und wohin du gehst und was du in deinen Rucksack packst. Stelle dir immer wieder vor, wenn du in die Leichtigkeit zurückgehst, dass der Wind und die Luft dich unterstützen. Erlebe aber auch die belastenden Momente bewusst. Einige Dinge im Leben lassen sich nicht sofort verändern, deshalb ist es gut, einen Weg zu finden, wie du mit Belastungen umgehen kannst.

Solltest du das Gefühl haben, dass du die Last von anderen Menschen trägst, beschrifte diese Gegenstände, oder stelle dir vor, dass du sie feierlich an die Personen zurückgibst. Finde dabei Worte, die aus der Ich-Perspektive gesprochen und möglichst wertschätzend sind. Du kannst z.B. sagen: »Ich spüre, dass ich mich von nun an vor allem um mein Leben kümmern möchte. Hiermit gebe ich dir die Aufgabe des Babysittens zurück und wünsche dir, dass du eine andere Möglichkeit findest, dein Kind betreuen zu lassen.«

Das Ziel dieser Übung ist, dass du herausfindest, was dein Leben in die Schwere bringt und was dich in die Leichtigkeit kommen lässt. Welche Menschen und Situationen lassen dich dich leicht fühlen? Ist es vielleicht ein Hobby? Sind es Menschen, die dir wichtig sind und mit denen du schwere Dinge teilst? Gibt es Rituale, durch die du mehr Leichtigkeit wahrnimmst?

Solltest du einen Ort finden, an dem du den Wind besonders gut spüren kannst, verweile dort, und begrüße die Luft. Stelle dich mit dem Gesicht zum Wind, und bitte ihn, alles Belastende mitzunehmen. Du kannst auch ein Blatt im Wind fliegen oder einen Papierflieger starten lassen, auf den du deine Last geschrieben hast. Notiere wieder alles Wichtige, und sollte etwas bereits so verarbeitet sein, dass du es verbrennen oder rituell wegwerfen möchtest, dann tue es. Lade die Leichtigkeit immer wieder in dein Leben ein, und finde ein Ritual, in dem du dich schnell mit dem Element Luft verbinden kannst.

// LEBENSELIXIER WASSER

THEMA: Verständnis für die Bedeutung des Elements Wasser

WIRKUNG: Wasser achtsamer nutzen

DAUER: 60 Minuten

MATERIAL: Notizbuch oder Papier und Stifte

ORT: überall, wo es Wasser gibt

Unser Körper besteht zu einem großen Teil aus Wasser, und auch unsere Erde ist überwiegend von Wasser in verschiedenen Formen bedeckt. Ohne Wasser könnten wir Menschen nicht überleben, deshalb nimmt dieses Element einen besonderen Platz ein. Um Wasser zu erleben, zu spüren und zu genießen, gibt es verschiedene Übungen. Du kannst dich natürlich jeden Morgen unter die Dusche stellen und die reinigende und belebende Wirkung des Wassers nutzen. Genauso gut kannst du am Morgen warmes oder kaltes Wasser trinken, um deinen Durst zu stillen. Oft nehmen wir bei diesen alltäglichen Handlungen das Element aber nicht richtig wahr.

Deshalb geht es in dieser Übung darum, dass du deine Aufmerksamkeit auf das Wasser lenkst. Wann begleitet es dich im Alltag? Wie viel Wasser trinkst du am Tag? Wie oft duschst oder badest du in der Woche? Gehst du vielleicht ab und zu in einem See, einem Fluss, im Freibad oder sogar im Meer schwimmen? Finde einen Platz, an dem du auf das Wasser blickst und es erleben kannst. Auf dem Weg dorthin kannst du die Fragen beantworten oder herausfinden, was dir das Element Wasser darüber hinaus noch schenkt.

Suche dir einen Platz aus, an dem du allein bist und in Ruhe das Wasser betrachten kannst. Stelle dir vor, dass du dich mit diesem Element verbindest und in seinem Rhythmus meditierst. Vielleicht entwickelt sich aus dieser kleinen Meditation ein Dialog zwischen dir und dem Wasser. Welche inneren Fragen hast du, oder welche Gefühle begleiten dich beim Betrachten des Wassers?

Ziehe deine Schuhe und Strümpfe aus, um ins Wasser zu gehen und das Element noch besser zu spüren. Du kannst dich auch ganz ausziehen und das Wasser an deinem gesamten Körper erfahren.

Welche Gedanken begleiten dich? Bitte das Wasser, dich von allem zu reinigen, was dich belastet, dir ungute Gefühle gibt, dich stresst oder was du einfach hinter dir lassen möchtest. Fange an, dich von allem zu befreien, indem du dich mit dem Wasser wäschst. Solltest du nur deine Schuhe und Strümpfe ausgezogen haben, kannst du deine Hände, Arme, dein Gesicht, deine Unterschenkel und Füße waschen. Genieße es, dich mithilfe des Wassers zu reinigen und zu erfrischen.

Lege dich, wenn du möchtest, am Ende des kleinen Rituals in das Wasser, und spüre, wie es dich trägt. Du kannst auch ein Stück Holz, ein Blatt, eine Blüte oder eine Feder auf die Wasseroberfläche legen. Stelle dir vor, dass du dieser Gegenstand bist, und beobachte ihn, wie er getragen wird. Vielleicht siehst du auch, dass der Gegenstand von einer Welle umspült oder unter das Wasser gedrückt wird. Was bedeutet das für dein Leben?

Schreibe deine Gedanken in dein Notizbuch, und solltest du feststellen, dass dir Dinge auch einmal die Luft zum Atmen nehmen, schreibe sie auf einen Zettel. Aus diesem Zettel kannst du ein kleines Boot falten und es auf dem Wasser treiben lassen. Stelle dir vor, dass du alle die Dinge in die weite Welt schickst, die dich belasten und nicht atmen lassen.

Bedanke dich am Ende der Übung beim Wasser, und lasse dich noch ein wenig treiben, bevor du wieder zurückgehst. Vielleicht vergegenwärtigst du dir in Zukunft bei jedem Schluck Wasser oder beim Duschen, was dir dieses Element bedeutet und wie wichtig es für dein Leben ist.

// MONATSAUFGABE:
Die Elemente in mir harmonisieren

In diesem Monat begleiten dich die verschiedenen Elemente. Gern möchte ich dich dazu motivieren, die Unterstützung durch die Elemente zu nutzen. So kannst du dir die Fragen stellen: Wann brauche ich Feuer-Energie, wann eher Wasser-Energie, wann Luft- oder Erde-Energie? Jedes Element hat seine Vorzüge und Qualitäten. Reflektiere für einen Moment, mit welchem Element du am wenigsten anfangen kannst. Versuche, dieses Element in diesem Monat am stärksten in den Vordergrund zu stellen. Meist spüren wir ein oder zwei Elemente stärker in uns als die anderen. Um innerlich in ein gutes Gleichgewicht zu kommen, ist es wichtig, dass du alle Elemente gleichermaßen in dein Leben einlädst. Mit der Zeit wirst du immer besser spüren, welches Element dir in welcher Situation guttut und dich unterstützt. Schreibe deine Erfahrungen auf, und lade die Elemente immer wieder in dein Leben ein. Vielleicht findest du auch für jedes Element kleine Rituale, die du jederzeit in deinen Alltag einbauen kannst. Dazu möchte ich dich mit einer kurzen Liste inspirieren:

Feuer

Feuer machen und es beobachten, etwas im Feuer verbrennen, Sonnenstrahlen intensiv auf der Haut spüren, um das Feuer tanzen, jeden Tag eine Kerze entzünden und sich mit dem eigenen Thema verbinden

Wasser

im Fluss baden, im Regen spazieren, einen Schneemann bauen, das Wasser beim Duschen auf der Haut spüren, einen Fluss beobachten, bewusst Wasser trinken

Erde
auf der Erde liegen, etwas aus Ton herstellen, mit nackten Füßen laufen und eine Sinnesanregung durch verschiedene Bodenbeschaffenheiten erfahren

Luft
auf einem Berg stehen und den Wind genießen, auf einen Hochsitz klettern, einen Drachen fliegen lassen, herumwirbelnde Blätter beobachten, täglich Atemübungen durchführen, mit leichten Schritten spazieren gehen

Solltest du noch weitere Übungen in der Natur machen wollen, die zu diesem Monat passen, empfehle ich dir Übung 43: »Sich erden«, Übung 44: »Das Feuer in mir«, Übung 45: »Sich mit der Leichtigkeit verbinden«, Übung 46: »Mit sich im Fluss sein«, Übung 47: »Der Elementekreis« und Übung 48: »Das Elementegespräch« aus meinem Buch »Coachingraum Natur«.

8. MONAT:

Meine Ziele anvisieren

Affirmation:

»Ich erlaube mir, in meinem Tempo zu gehen.«

Im achten Monat möchte ich dich einladen, dich mit deinen Zielen zu beschäftigen, sie zu überprüfen und auf den Punkt zu bringen. Wenn du eine klare Zielvorstellung hast, bist du motivierter und kannst über dich hinauswachsen. Vielleicht hast du in den letzten Monaten festgestellt, dass sich deine Ziele verändert haben oder du das eine oder andere bereits erreicht hast. Vielleicht möchtest du an dieser Stelle noch einmal deinen Brief aus dem ersten Monat lesen, um dich zu erinnern, was du damals geschrieben hast. Lebensziele können sich verändern. Je älter wir werden, desto wichtiger wird in der Regel das Thema »Gesundheit«, während die Karrieregedanken oft in den Hintergrund treten.

Zielstrebige Menschen sind oft glücklicher und zufriedener mit ihrem Leben. Sie achten z. B. stärker auf ihre Gesundheit und lassen sich nicht so schnell entmutigen wie Menschen, die keine Ziele haben und ihr Leben dem Schicksal überlassen.

Seine Ziele zu erreichen, bedeutet, sich selbst zu verwirklichen – vorausgesetzt die Ziele sind aus uns selbst heraus entstanden und wir berücksichtigen nicht die Erwartungen anderer. Aus diesem Grund ist es vor allem wichtig, dass du dich immer wieder fragst, ob dein Ziel deinem Wunsch entspringt und ob es das richtige Ziel für jetzt ist. Mit dem Zielscheibenmodell und der dazugehörigen Übung kannst du diese Reflexion unterstützen. Außerdem geht es in diesem Monat darum, dass du dich mit deinen Bedürfnissen erkennst und dein Leben dementsprechend gestaltest. Auch die Monatsaufgabe wird dich dabei unterstützen, den Prozess des Wachstums hautnah zu erleben.

MODELL: Das Zielscheibenmodell

Dieses Modell ist in einem meiner Kurse entstanden. Eine Teilnehmerin hatte das Thema »die Dinge auf den Punkt bringen«. Dafür fand sie in der Natur einen roten Punkt, mit dem sie arbeitete. Den Wunsch danach, die Dinge auf den Punkt zu bringen, können wir vermutlich in allen unseren Themen finden. Den Weg zu diesem Punkt möchte ich durch dieses Modell sichtbar und erlebbar machen. Das Modell ist gut veränderbar, passt sich den individuellen Fragen an und kann für alle Themen genutzt werden. Zunächst stelle ich dir das Grundmodell vor, bevor du verschiedene Variationen kennenlernst.

Das Grundmodell besteht immer aus einer Zielscheibe und einem roten Punkt in der Mitte. Mit seiner Hilfe können wir dann ein bestimmtes Thema, ein Problem oder ein Projekt betrachten. Um den Punkt werden drei Kreise gelegt oder gezeichnet, und jeder dieser Kreise symbolisiert ein anderes Thema oder eine andere Sichtweise. Der äußere Kreis steht dafür, dass das Thema von außen betrachtet wird, z. B. aus der Sicht einer anderen Person. Um die Außenperspektive zu erfahren, stellen wir uns in den äußeren Kreis hinein, falls er groß genug ist. Sollte er gezeichnet sein, reicht es auch, einen Finger in den äußeren Kreis zu legen und sich bewusst zu machen, wie sich das Thema von außen anfühlt. Welche Gedanken tauchen nun auf? Anschließend werden alle Gedanken, Bilder und Gefühle notiert.

Der zweite Kreis steht für die Innenperspektive. Hier geht es ausschließlich um unsere persönliche Sicht. Wieder stellen wir uns in diesen Kreis oder nehmen auf andere Weise Kontakt zu ihm auf und gehen der Frage nach, welche Gedanken, Gefühle oder Ideen auftauchen, wenn alle äußeren Aspekte beiseitegelassen werden und ausschließlich von innen auf das Thema geschaut wird. Auch dieses Mal werden alle Eindrücke festgehalten.

Der dritte Kreis, also der Kreis um den Punkt in der Mitte, verbindet beide Perspektiven miteinander zu einer Gesamtschau und dient uns als Basis dafür, Gedanken, Gefühle und Ideen dazu wahrzunehmen.

Der letzte Schritt besteht darin, auf den roten Punkt zu gehen und dort herauszufinden, was gebraucht wird, um unser Thema voranzubringen. Wer unterstützt den Prozess von außen? Welche der eigenen Fähigkeiten stärken dabei von innen?

Das ist das Grundmodell. Selbstverständlich kann die Anzahl der Kreise auf der Zielscheibe variieren, mindestens zwei sollten es aber immer sein. Auch die Themen der Kreise sollten der jeweiligen Frage angepasst sein. So können der äußere Kreis für die körperliche, der mittlere für die geistige und der innere für die seelische Sichtweise stehen. Oder das Thema kann aus einer weiblichen und einer männlichen Perspektive betrachtet werden. Die Zielscheibe kann auch als Zeitplan gesehen werden, dann steht jeder Kreis für einen Zeitrahmen, z. B. eine Woche oder einen Monat.
Das Zielscheibenmodell kann spielerisch und den individuellen Bedürfnissen entsprechend angewandt werden. Seine Funktion ist es, betrachtbar und erspürbar zu machen, was es braucht, um ein Thema auf den Punkt zu bringen. Am Ende der Übung empfehle ich, sich im Zehenstand in die Mitte, auf den roten Punkt, zu stellen. Auf diese Weise wird das Gefühl »Ich bringe es auf den Punkt« noch intensiver wahrgenommen.

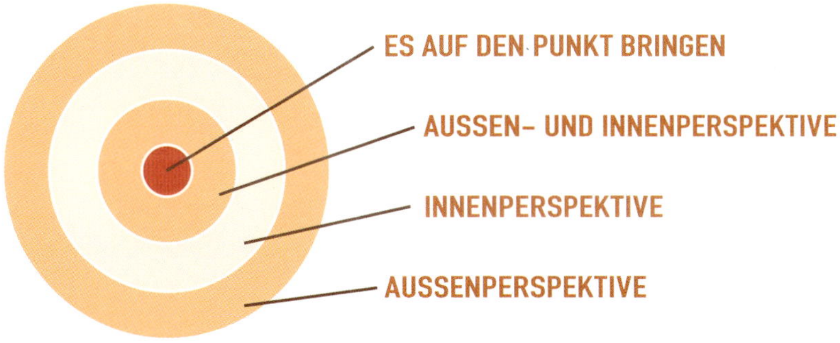

Abbildung: Grundmodell der Zielscheibe

Ich erweitere das Zielscheibenmodell gern um eine zusätzliche Ebene. Dafür legen oder zeichnen wir in die Zielscheibe »Kuchenstücke« ein und unterteilen die Kreise so in zusammenhängende Segmente. Diese Kuchenstücke stehen z. B. für Mitglieder des Inneren Teams wie den*die Abenteurer*in, König*in, Ordentliche*n, Harmoniesüchtige*n … Die Abschnitte können unterschiedlich groß sein, wodurch sichtbar wird, welches Teammitglied für das Thema besonders präsent ist. Auch bei dieser Variante wird nacheinander der entsprechende Platz im Kuchenstück eingenommen, wir fühlen uns in die einzelnen Teammitglieder ein und erfahren deren Perspektive.

Die Segmente können auch dafür stehen, welche Rolle z. B. die Familie spielt, die Freund*innen, die materiellen Gegebenheiten, das berufliche Umfeld, die eigenen Gefühle oder das eigene Selbst. Genauso gut können Körper, Geist und Seele befragt werden.

In der Verbindung beider Ebenen können die verschiedenen Stufen erspürt und hinterfragt werden, z. B. die Außenperspektive für den*die Ordentliche*n und auch deren*dessen Innenperspektive.

Auch die Archetypen (siehe S. 132) eignen sich, um sie den verschiedenen Kuchenstücken zuzuordnen. Die Betrachtung des Themas wird dadurch weitaus komplexer.

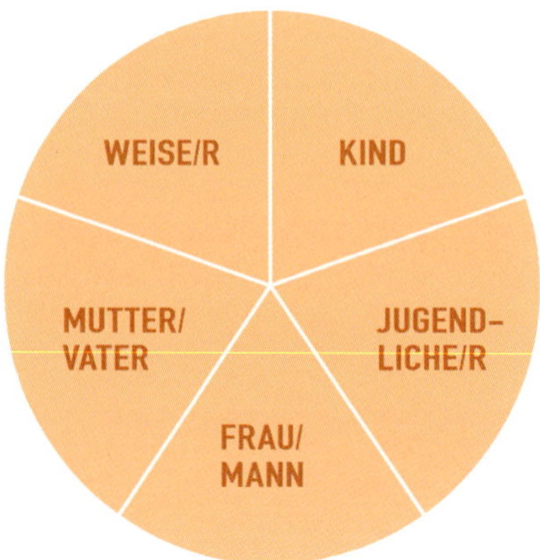

Abbildung: Ein Beispiel für die zweite Ebene im Zielscheibenmodell

// ÜBUNG ZUM ZIELSCHEIBENMODELL

THEMA: ein Thema auf den Punkt bringen

WIRKUNG: verschiedene Perspektiven einnehmen und das eigene Thema reflektieren

DAUER: 60 Minuten

MATERIAL: Notizbuch oder Papier und Stifte, Kreide oder Schnur

ORT: überall

Die folgende Übung kannst du für alle deine Lebensbereiche nutzen. Sie bringt dich mit unterschiedlichen Aspekten bzw. Perspektiven zu einem Thema in Verbindung. Gehe hinaus in die Natur, und suche einen Ort, an dem du mit Kreide eine Zielscheibe zeichnen oder sie aus Naturmaterialien oder Schnüren legen kannst. Die Zielscheibe soll so groß sein, dass du dich bequem in die einzelnen Kreise stellen kannst. Die Mitte kannst du ebenfalls aus Naturmaterialien legen. Oder du schneidest zu Hause aus Pappe einen Kreis aus, den du rot anmalst und laminierst, um ihn dann mehrmals einsetzen zu können. Verbinde dich mit dem Thema, das du auf den Punkt bringen möchtest, und höre in dich hinein, wie viel Kreise du dazu legen willst. Ich empfehle dir auf jeden Fall mehr als zwei Kreise.

Der äußere Kreis kann dazu dienen, dein Thema aus einer Außenperspektive zu betrachten – so, als ob du für einen Moment aus deinem Körper hinausgehst und dir dein Thema als Unbeteiligte*r anschaust. Der mittlere Kreis kann für deine innere Perspektive stehen. Was verändert sich, wenn du nur aus deiner persönlichen Sichtweise auf dein Thema schaust? Im inneren Kreis kannst du beide Perspektiven verbinden und in dich hineinspüren, wie sich das anfühlt. Die Mitte steht dafür, dein Thema auf den Punkt zu bringen.

Schreibe dein Thema auf ein Blatt Papier, oder suche einen stellvertretenden Gegenstand aus der Natur. Stelle dich nun in die einzelnen Kreise. Wie fühlt es sich in deiner Zielscheibe an, wenn du im äußeren Kreis stehst? Welche Gedanken und Bilder entstehen, wenn du dein Thema aus einer Außenperspektive betrachtest? Dies kann z. B. die Sicht deiner Familie, deines*r Partner*in, deiner Freund*innen oder deines*r Arbeitgeber*in sein.

Wechsle in den nächsten Kreis, und betrachte dein Thema aus einer inneren Sicht, aus deiner persönlichen Perspektive. Was verändert sich, wenn du diese Sichtweise einnimmst? Spüre vor allem auch in deinen Körper hinein, was sich in ihm in diesem Kreis verändert. Vielleicht findest du eine Körperhaltung, die das widerspiegelt, was du empfindest. Vielleicht fällt dein Blick auch auf etwas in der Natur. Achte darauf, was sie dir zeigt, was du hörst und siehst.

Stelle dich als Nächstes in den inneren Kreis, und versuche, die Außen- und die Innenperspektive zusammenzubringen. Lasse beide zu, und spüre, was sich in dir verändert. Welche Körperhaltung nimmst du nun ein? Wie fühlt sich deine Atmung an, und wohin fällt dein Blick? Lasse dir Zeit. Vielleicht möchtest du auch zwischen den Kreisen hin- und herpendeln. Finde heraus, wie du den ersten Schritt von einer in die andere Perspektive vollziehen kannst.

Stelle dich dann in die Mitte auf den Punkt. Wie fühlt es sich hier an? Wo spürst du dein Thema im Körper? Welches Wort fällt dir zuerst ein bzw. welcher Satz kommt zu dir? Welche Farbe, welcher Geruch oder welches Bild kannst du in der Mitte wahrnehmen? Was spiegelt dir die Natur? Was kann dich dabei unterstützen, dein Thema auf den Punkt zu bringen? Stelle dich am Ende in den Zehenstand, um das Gefühl in dir zu ankern.

Falls du eine weitere Ebene in diesem Modell ausprobieren möchtest, erinnere dich an die Mitglieder deines Inneren Teams. Trenne mithilfe von Schnüren für jedes Teammitglied in der Zielscheibe ein Kuchenstück ab. Du kannst die Linien natürlich auch mit Naturmaterialien legen oder mit Kreide zeichnen. Vielleicht spürst du einen inneren Anteil etwas deutlicher, für ihn kann das Segment ruhig etwas größer sein. Stelle dich nun nacheinander in die Kuchenstücke, und erforsche die Sicht deiner Teammitglieder auf dein Thema. Wie fühlt es sich an, wenn du z. B. aus der Perspektive deines*er inneren Kritiker*in auf dein Thema schaust? Was sagen der*die Abenteurer*in oder König*in dazu? Was geschieht, wenn du in ein neues Segment wechselst? Bei welchem Teammitglied hast du das Gefühl, dass es dich dabei weiterbringt, dein Thema tatsächlich auf den Punkt zu bringen? Gibt es auch einen Anteil, der etwas dagegen hat, dass du dein Ziel erreichst?

Finde eine Affirmation oder einen wertschätzenden Satz, der dich unterstützt, dein Ziel zu erreichen. Lege einen ersten Schritt fest, den du bereits in den nächsten Tagen umsetzt. Überlege dir auch einen Zeitplan, bis wann du welche Schritte gegangen sein möchtest. Notiere deine Erkenntnisse.

// DA SEHE ICH MICH

THEMA:	Entscheidungen treffen
WIRKUNG:	die Wahrnehmung wird bei Entscheidungsprozessen hinzugezogen
DAUER:	30 Minuten
MATERIAL:	Notizbuch oder Papier und Stifte
ORT:	überall

Die Inspiration zu dieser Übung erhielt ich von einer meiner Student*innen in der Berufsfachschule. Sie sagte häufig: »Da sehe ich mich«, oder: »Da sehe ich mich nicht«, wenn sie etwas reflektierte. Ich fand ihre Aussage so eindrücklich, dass ich sie für mich selbst anwende und mich oft frage: Sehe ich mich da, oder sehe ich mich da nicht? Ich hoffe, dass dich diese Übung darin unterstützt, dich in Zukunft müheloser zu entscheiden. Mir fällt es seither auch leichter, einmal Nein zu sagen, wenn ich mir vorher klargemacht habe, dass ich mich da nicht sehe.

Überlege zuerst, um welche beiden Bereiche oder die Entscheidung zwischen welchen beiden Optionen es geht. Gehe hinaus in die Natur, und suche einen Ort für die Übung. Schaue dich um, und finde für beide Entscheidungsmöglichkeiten jeweils einen stellvertretenden Platz. Stelle dir in allen Details vor, wie du dich an diesen Plätzen siehst. Je genauer du dich dort visualisieren kannst, desto leichter wird es später sein, eine Entscheidung zu treffen. Gehe erst nach dem Visualisieren zum ersten stellvertretenden Platz. Spüre in diese Entscheidungsmöglichkeit hinein, und reflektiere, wie es sich dort anfühlt und ob du dich in Zukunft an diesem Platz siehst. Vielleicht findest du auch einen Gegenstand, den du vorher visualisiert hast. Gehe dann zu dem anderen Entscheidungsplatz, und spüre wieder in dich hinein, ob du dich dort sehen kannst. Wo hat es sich für dich besser und stimmiger angefühlt? Welchen Platz hast du im Vorfeld klarer sehen können?

Gehe erneut an den Platz, der sich besser angefühlt hat, und sage dir selbst immer wieder: »Da sehe ich mich.« Finde auch eine passende Körperhaltung, oder nimm dir als Anker einen Gegenstand von diesem Platz mit. Übertrage deine Erlebnisse in dein Notizbuch, erzähle einem anderen Menschen, wo und warum du dich genau dort siehst, und nutze diese Art, eine Entscheidung zu treffen, immer wieder.

// MEINE BEDÜRFNISSE ACHTEN

THEMA: Hinterfragen der eigenen Bedürfnisse

WIRKUNG: erkennen, ob der eingeschlagene Weg richtig ist, um die eigenen Bedürfnisse zu erfüllen

DAUER: 60 Minuten

MATERIAL: Notizbuch oder Papier und Stifte

ORT: überall

Im Leben ist es wichtig, immer wieder kleine Boxenstopps einzulegen, bei denen du deine Richtung und dein Ziel hinterfragst, deine Bedürfnisse wahrnimmst und dir Kraftreserven zulegst. Manchmal befinden wir uns auf einem falschen Weg und merken es erst gar nicht. In dieser Übung möchte ich dich einladen, innezuhalten und deinen Weg anzuschauen. Gehe in die Natur, und halte deinen Blick an einer beliebigen Stelle auf den Boden gerichtet. Was zeigt dir die Natur hier? Reflektiere, was die Blätter, Steine, Äste oder Blumen mit deinem Lebensweg und deiner Entwicklung zu tun haben.

Vielleicht fällt dir dazu auch direkt eine Situation ein, in der du dich gerade befindest. So stehen kleine Blätter möglicherweise für einzelne Aufgaben, die du noch erledigen musst, oder eine Blume am Wegesrand erzählt dir von einem schönen kommenden Ereignis. Spüre, wie es dir in deinem Körper geht. Fühlst du dich wohl? Nimmst du an irgendeiner Stelle einen Schmerz wahr? Bist du zufrieden mit diesem Lebensmoment, den du betrachtest? Was sind deine Bedürfnisse, und werden diese gerade erfüllt?

Richte dann deinen Blick auf, und schaue in die Ferne. Du kannst gern einmal in alle Richtungen sehen. Was nimmst du am Horizont wahr, und was hat das mit deinem Leben zu tun? In welche Richtung möchtest du dich bewegen, und was brauchst du dafür? Sind die kleinen Aufgaben, die du vielleicht gerade zu erledigen hast, zielführend dafür, wo du hinmöchtest? Falls du etwas verändern willst, drehe dich ein bisschen. Vielleicht passt dieses Bild in der Ferne besser zu deinem Weg. Was siehst du dort?

Wenn du willst, wiederhole die Übung ein paar Schritte weiter. Vielleicht möchtest du sie auch zu allen Dingen, die du dir im Leben vorgenommen hast, machen. Schreibe deine Erkenntnisse in dein Notizbuch. Diese Übung kann dich immer wieder begleiten und dir helfen, zu prüfen, ob du glücklich und zufrieden bist mit deinem Leben und deine Bedürfnisse achtest. Sollte das nicht der Fall sein, ändere ein wenig deine Richtung.

// DIE SELBSTERFÜLLENDE PROPHEZEIUNG

THEMA: Visualisieren der eigenen Ziele als Prophezeiung

WIRKUNG: Vertrauen darin entwickeln, dass Ziele erreicht werden

DAUER: 45 Minuten

MATERIAL: Notizbuch oder Papier und Stifte

ORT: überall

Diese Übung hilft dir, dich auf eine bestimmte Sache zu fokussieren. Ich habe sie in der Wildnispädagogikausbildung kennengelernt und fand sie so hilfreich, dass ich sie dir gern ans Herz lege. Begib dich in die Natur, und suche einen Ort, an dem du startest. Verbinde dich ganz mit dir und der Natur, indem du z. B. eine Weile den Geräuschen lauschst oder auf deine Atmung achtest. Stelle dir dann vor, wie du losgehst und etwas Bestimmtes findest. Versuche, es so genau wie möglich zu visualisieren. Es kann eine Feder sein, eine bestimmte Blume, ein besonderer Baum, eine Lichtung oder auch ein Tier, dem du begegnen möchtest. Es geht vor allem darum, dass du dich ganz auf deine Vision konzentrierst und nicht gedanklich abschweifst. Stelle dir vor, dass du das findest, was du im Kopf hast.

Als ich diese Übung im Mainzer Sand, einem kleinen Naturschutzgebiet, gemacht habe, visualisierte ich eine Feder und konnte kaum glauben, dass ich diese dort finden würde. Umso erstaunter war ich, als die Feder plötzlich vor mir lag. Seitdem versuche ich, mir meine Ziele noch viel genauer vorzustellen und sie mir sozusagen selbst zu prophezeien.

Wenn es beim ersten Versuch nicht funktioniert, wiederhole die Übung ein paarmal. Versuche später, auch für den Alltag etwas zu finden, was du dir selbst prophezeist. Es sollte natürlich positiv formuliert und ein realistisches Ziel sein. Schreibe deine Prophezeiung in dein Notizbuch, und bleibe mit deiner Energie so lange bei ihr, bis die Voraussage eingetroffen ist.

// MONATSAUFGABE:
Meine Saat

Ich möchte dir noch einmal in Erinnerung rufen: Du allein entscheidest, wie dein Leben aussieht. Alles, was du in die Welt bringen möchtest, kannst du tun. Um dies auch sichtbar zu unterstützen, sollst du in diesem Monat etwas aussäen, z.B. Kräuter, Gemüse oder Blumen. Was immer du magst, lasse es wachsen. Sollte es tiefster Winter sein, kannst du auch Sprossen ziehen. Vielleicht hast du bereits etwas in deinem Garten ausgesät, dann ist deine Aufgabe, die Entwicklung und das Wachsen zu beobachten. Fühle dich ganz frei, die Aufgabe so zu gestalten, wie sie für dich stimmig ist. Das Aussäen kannst du sehr bewusst tun, indem du dir z.B. bei jedem Samenkorn überlegst, was du in die Welt bringen möchtest. Das Samenkorn steht dann für deinen Wunsch. Beobachte in den nächsten Wochen, was mit deiner Saat geschieht. Wie das Samenkorn keimt, sich seinen Weg aus der Erde ins Sonnenlicht sucht und schließlich zu einer prächtigen Pflanze heranwächst, so bringst auch du deine Wünsche und Visionen in die Welt, wenn du dich um sie kümmerst. Mache im Laufe der Zeit Bilder von der Entwicklung, oder zeichne die Pflanze. Verinnerliche dir dabei auch den Prozess von Säen, Wachsen und Ernten.

Solltest du noch weitere Übungen in der Natur machen wollen, die zu diesem Monat passen, empfehle ich dir Übung 32: »Der Aufstieg«, Übung 50: »Wege der Entscheidung«, Übung 51: »Ins Gleichgewicht kommen«, Übung 52: »Meine Intuition und das Naturorakel«, Übung 53: »Der Weg zum Kern« und Übung 72: »Blind Walk« aus meinem Buch »Coachingraum Natur«.

9. MONAT:

In Verbindung kommen

Affirmation:
»Ich bin gut so, wie ich bin.«

Ich hoffe natürlich, dass du bereits in den letzten Monaten auf unterschiedliche Art und Weise mit dir in Verbindung kommen konntest. Doch den Kontakt zu deinem Selbst zu stärken, ist das Hauptziel meines Buches. Deswegen konzentrieren wir uns mithilfe verschiedener Übungen in diesem Monat ausschließlich auf diesen Aspekt.

Verbundenheit kannst du auch mit etwas, was du im Außen findest, verspüren oder mit etwas Größerem, und beides wiederum kann deine Verbindung zu dir selbst vertiefen.

Als Modell stelle ich dir die Entwicklungsarchetypen vor, und ich möchte dich mit deinen Sonnen- und Mondqualitäten in Kontakt bringen. Im weiteren Verlauf ergründest du deinen König*innen-Weg, findest zu einem Kraftnamen für dich und kannst im Alltag üben, deine Perspektive zu ändern, indem du dich auf das Und, das verbindende Element im Leben, fokussierst.

MODELL: Die Entwicklungsarchetypen

Den Begriff »Archetyp« prägte der Schweizer Psychiater C.G. Jung in den 1930er-Jahren. Er verstand darunter Urbilder des menschlichen Seins. Es sind also Qualitäten, die Verhaltensmuster repräsentieren, die wir seit Generationen erleben und die tief im kollektiven Unbewussten verankert sind. C.G. Jung unterschied zwischen den folgenden zwölf Archetypen:

- der*die Weise
- der*die Unschuldige
- der*die Entdecker*in
- der*die Herrscher*in
- der*die Schöpfer*in
- der*die Pfleger*in
- der*die Magier*in
- der*die Held*in
- der*die Rebell*in
- der*die Liebhaber*in
- der*die Närr*in
- die Waise

In der CoreDynamik arbeiten wir mit den Entwicklungsarchetypen: Kind, Jugendliche*r, Frau bzw. Mann, Vater bzw. Mutter, Weise*r. Sie bilden Seinsqualitäten ab, die jeder von uns in sich trägt. Wir durchleben sie zum einen durch unsere Biografie, zum anderen sind sie als Energie unabhängig von unserer Lebensgeschichte in uns angelegt. So können wir als Erwachsene noch die Qualitäten des Kindes spüren und diese beleben. Auch die anderen Archetypen tragen wir in uns, obwohl wir uns vielleicht noch nicht als Weise*r empfinden oder Kinder großziehen. Da wir im Folgenden mit diesen Entwicklungsarchetypen arbeiten, fasse ich ihre Qualitäten und Schattenaspekte zusammen:

Kind

Qualitäten: freies Spiel, Kreativität, Freude, Bewegung, Freiheit, Einfachheit durch reine Bedürfnisorientierung

Schattenaspekte: Trotz oder Anpassung, Stagnation in Hilflosigkeit und Opferrolle

Jugendliche*r

Qualitäten: schön sein wollen, Kontakt durch äußere Reize, Charme, romantische Gefühle, Fantasie und Verführung, Grenzen herausfordern und Regeln überschreiten, Neues kreieren aus der Zerstörung des Alten, Finden der Individualität und Erlaubnis des Andersseins, die jugendliche Energie dieses Teils in uns gibt uns Kraft und Tatendrang
Schattenaspekte: unrealistische, meist auf Projektionen beruhende Wahrnehmung der Welt und fehlendes Verantwortungsbewusstsein für die Konsequenzen des eigenen Handelns, Schwarz-weiß-Denken in Polaritäten: dagegen oder dafür, schwarz oder weiß, schön oder hässlich, ganz oder gar nicht

Mann bzw. Frau

Qualitäten: erwachsene Stärke, lebendig aus sich heraus, direkte, kraftvolle und abgegrenzte Kontakte, klare Werte, ausgereifte Körperlichkeit und Sexualität, Klarheit über Bedürfnisse und direktes Daraufzubewegen
Schattenaspekte: »über Leichen gehen« beim egoistischen Verfolgen der Ziele oder dem aggressiven Durchsetzen des eigenen Standpunkts

Mutter bzw. Vater

Qualitäten: warme Gefühle, Verantwortung, Verständnis und Trost, Fürsorge, Langfristigkeit, Impuls, zu geben, zu nähren und zu lieben, Dankbarkeit und Würdigung des Lebendigen
Schattenaspekte: die hungrige und verschlingende Mutter, der ängstliche und überprotektive Vater

Weise*r

Qualitäten: Reife, Überblick, Zentrierung, Mitte, Wahrheit und Wissen um Sinn und Weisheit, Vertrauen in den Fluss des Lebens und Respekt vor dem Entwicklungsweg und -tempo des Einzelnen, die Energie ist klar, einfach, direkt und von einer übergeordneten Liebe zum Menschen und zur Welt geprägt, in der alles gleichhermaßen gültig ist
Schattenaspekte: Überheblichkeit, Abgehobenheit, Gleichgültigkeit

// DIE ENTWICKLUNGSARCHETYPEN ERLEBEN

THEMA: Erforschen der Entwicklungsarchetypen

WIRKUNG: mit den Archetypen in Verbindung kommen

DAUER: 60 Minuten

MATERIAL: Notizbuch oder Papier und Stifte

ORT: überall

In dieser Übung kommst du mit deinen Entwicklungsarchetypen in Kontakt und kannst sie erleben und erforschen. Dadurch wird es dir möglich sein, dich ganzheitlich wahrzunehmen. Je intensiver der Kontakt zu dir ist, desto intensiver kann auch der zu anderen sein. Denn wenn du dich selbst spürst, ist es für dein Umfeld leichter, dich wahrzunehmen.

Gehe in die Natur, und finde zunächst heraus, welcher Archetyp dich dabei am meisten begleitet bzw. welchen Archetyp du am stärksten spürst. Versetze dich dann in die einzelnen Archetypen hinein. Als Kind kannst zu z. B. durch die Natur streifen und sie mit neugierigen Augen betrachten. Vielleicht fällt dir auch etwas ein, was du als Kind getan hast, wenn du draußen unterwegs warst. Wie hat es sich für dich damals angefühlt, im Wald umherzustreifen? Vielleicht hast du Erinnerungen daran und kannst sie beleben, indem du dich wie ein Kind verhältst. Deiner Fantasie sind hierbei keine Grenzen gesetzt. Vielleicht möchtest du eine Hütte bauen oder nach einem Schatz suchen. Finde auch einen Gegenstand, der stellvertretend für dein Kind steht.

Verfahre auf diese Weise auch mit dem Archetyp des*der Jugendlichen. Versuche, zu erspüren, wie es um deine Abenteuerlust bestellt ist. Vielleicht kannst du die Pubertät noch einmal nachempfinden und erahnen, wie mächtig oder zurückhaltend du dich damals gefühlt hast. Auch hier ist es für den Rest der Übung hilfreich, einen stellvertretenden Gegenstand zu finden.

Versetze dich als Nächstes in die Qualität des Archetyps Frau bzw. Mann. Was verändert sich in deinem Gang und in deinem Verhalten? Welche Gedanken und Gefühle begleiten dich dabei, wenn du dich als Erwachsene*r erlebst? Wie klar kannst du deine Bedürfnisse erkennen und umsetzen? Wie gestaltest du den Kontakt zur Natur aus dieser Qualität heraus? Suche wieder einen Gegenstand, der als Stellvertreter dient.

Begib dich dann in die Mutter- bzw. Vater-Energie. Auch wenn du keine Kinder hast, ist dies durchaus ein Teil, der in dir steckt. Ihn kannst du besonders gut spüren, wenn du Verantwortung für andere Menschen oder Tiere übernimmst. Was verändert sich, wenn du versuchst, deinen Streifzug durch die Natur in dieser Qualität fortzuführen? Vielleicht kannst du einem Käfer, der auf dem Rücken liegt, wieder auf die Beine helfen. Finde auch für diesen Archetyp einen Gegenstand.

Zum Schluss lade ich dich ein, in deine*n Weise*n einzutauchen. Auch wenn du dich noch nicht alt fühlst, so trägst du diese Qualität in dir. Kannst du den Respekt vor der Natur wahrnehmen oder in dir die Wahrheit spüren, dass alles gleichhermaßen gültig ist? Wie verändert sich dein Gang? Was denkst und fühlst du? Was möchtest du tun? Erforsche auch diese Qualität, und finde am Ende einen stellvertretenden Gegenstand.

Ordne in einem nächsten Schritt alle Gegenstände um dich herum an. Schaue, welcher Archetyp dir am nächsten steht und welcher am weitesten weg liegt. Stelle dich zu jedem Gegenstand, um noch einmal auch körperlich in die Entwicklungsarchetypen hineinzuspüren.

Vielleicht willst du mit ihnen in Verbindung kommen, indem du sie in ein Gespräch bringst. Stelle dich dafür zu einem beliebigen Archetyp, und schaue, was er zu sagen hat. Du kannst ein konkretes Thema beleuchten oder dich für ein Gespräch zwischen ihnen öffnen. Wechsle zu einem anderen Archetyp, nimm zu ihm Kontakt auf, und spüre in dich hinein, um zu erfahren, wie dieser antwortet oder was er aus seiner Position heraus zu sagen hat. Pendle so zwischen allen Archetypen hin und her, und führe das Gespräch so lange, bis du einen guten Schlusssatz gefunden hast. Vielleicht nimmst du im Gespräch wahr, dass sich auch die Positionen der Archetypen verändern. Oder du hörst und spürst einen Archetyp deutlicher als vor dem Gespräch. Tausche in dem

Fall auch die Positionen der stellvertretenden Gegenstände. Achte bei dem Gespräch auf alles, was um dich herum passiert. Vielleicht schenkt die Natur dir ein Zeichen.

Um dich im Alltag mit allen Archetypen zu verbinden, ist es hilfreich, für jeden Archetyp einen prägnanten Satz, eine kleine Handlung oder eine Körperhaltung zu suchen. Finde heraus, welcher Archetyp dir z. B. in schwierigen Gesprächen hilft oder welchen du stärker beleben möchtest. Halte deine Erkenntnisse auch schriftlich fest, und nimm dir von nun an fest vor, an dir selbst zu beobachten, wann du welchen Archetyp in dir spürst.

// MEINE SONNEN- UND MONDQUALITÄTEN

THEMA:	Verbindung mit den Sonnen- und Mondqualitäten (Yin und Yang)
WIRKUNG:	sich selbst besser kennenlernen
DAUER:	60 Minuten
MATERIAL:	Notizbuch oder Papier und Stifte
ORT:	ein Ort und eine Tageszeit, zu der Sonne und Mond gleichzeitig sichtbar sind

Diese Übung sollst du zu einer Uhrzeit machen, zu der du sowohl die Sonne als auch den Mond sehen kannst. Sollte das nicht möglich sein, dann wäre es gut, wenn du weißt, wo Mond und Sonne zum Übungszeitpunkt stehen. Jeder Mensch trägt sowohl die Qualitäten der Sonne als auch die des Mondes in sich, deshalb ist es wichtig, auch mit ihnen in Kontakt zu treten.

Trage alle Eigenschaften der Sonne, z.B. männlich, warm, hell, fröhlich, und die des Mondes, z.B. weiblich, sinnlich, einflussreich, in deinem Notizbuch zusammen. Gehe ganz intuitiv vor, und lasse dich vielleicht allein dadurch inspirieren, dass du die Sonne am Tag siehst und den Mond nachts. Dann überlege, welche Sonnen- oder Mondqualitäten du dir selbst zuschreibst bzw. welche du gern weiterentwickeln möchtest.

Suche in der Natur einen geeigneten Ort, und stelle dich zwischen Sonne und Mond bzw. so, dass ihr ein Dreieck bildet und du beide sehen kannst. Entscheide dich für Sonne oder Mond, komme ganz mit dir selbst in Kontakt, und schaue deinen Himmelskörper an. Achte selbstverständlich darauf, nicht direkt in die Sonne zu blicken. Nimm die jeweiligen Qualitäten wahr, die du bereits in dir trägst, und achte auch darauf, wo du sie im Körper bemerkst. Vielleicht möchtest du mit der Sonne oder dem Mond in Kontakt treten und ihn oder sie befragen, wie du die Eigenschaften, die du gern verstärken möchtest, in dein Leben rufen kannst. Lasse dich überraschen, welche Antworten du erhältst. Solltest du keine Antworten erhalten, ist der Augenblick noch nicht der richtige. Wende dich langsam zur anderen Seite, und spüre auch hier im Kontakt mit dem Mond oder der Sonne, welche Fragen du in dir trägst und welche Antworten du erhältst.

Du kannst auch eine andere Art und Weise wählen, dich mit den Mond- und Sonnenqualitäten zu verbinden. Frage einfach die Sonne oder den Mond, welche Eigenschaften sie dir mitgeben möchten. Oder du spürst in diesem Augenblick, wie es ist, sich ganz dem Mond oder der Sonne zuzuwenden. Du kannst diese Übung sehr individuell gestalten, z.B. kannst du dir einen Sonnen- und einen Mondplatz suchen und die beiden ein Gespräch führen lassen. Dabei verbindest du dich mit einem Platz und schaust, welche Fragen du z.B. aus der Mondperspektive an die Sonne richten möchtest. Dann wechselst du den Ort und erhältst eine Antwort der Sonne. Es ist genauso möglich, die Übung an zwei Tagen zu machen. Der eine Tag ist dann ganz der Sonne gewidmet, am anderen tauchst du in die Mondenergien ein.

Führe diese Übung nach deinen Wünschen und Bedürfnissen aus, und halte deine Erkenntnisse schriftlich fest. Wähle danach eine Form, dich an deine Erfahrungen zu erinnern und sie im Alltag zu integrieren.

// MEIN KÖNIG*INNEN-WEG

THEMA: Reflektieren des eigenen Lebens

WIRKUNG: sich neu ausrichten

DAUER: offen

MATERIAL: Notizbuch oder Papier und Stifte

ORT: überall

Heute möchte ich dich einladen, deinen König*innen-Weg zu beschreiten, zu reflektieren und vielleicht auch neu auszurichten. Auf diesem Weg geht es vor allem darum, dass du dein Zepter selbst in die Hand nimmst und entscheidest, wo es langgeht. Fühle dich frei, an dem Ort und so lange unterwegs zu sein, wie du möchtest. Vielleicht nimmst du dir etwas mehr Zeit und wanderst zu einem ganz besonderen Ort. Es kann aber auch ein Weg sein, der so nah bei deinem Zuhause ist, dass du ihn immer wieder gehen kannst.

Bereite dich auf deinen König*innen-Weg folgendermaßen vor: Entscheide dich, ob du viel Gepäck dabeihaben möchtest, um eventuell eine Rast oder ein Picknick zu machen, oder ob du nur mit leichtem Gepäck unterwegs sein willst. Mache dir auch Gedanken darüber, ob du einen Gegenstand zum Dirigieren mitnehmen willst und welcher das sein soll. Du kannst deinen Dirigentenstab aber auch unterwegs finden.

Reflektiere deine Vergangenheit, die königlichen Momente in deinem Leben. Das können Augenblicke sein, in denen du das Gefühl hattest, selbstbestimmt und frei zu leben, oder solche, in denen du dich wie ein*e König*in gefühlt hast, weil die Welt dir zu Füßen lag oder andere Menschen dieses Gefühl in dir hervorgerufen haben. Schreibe alle diese kostbaren Momente in dein Notizbuch, und sortiere sie zeitlich. Sollten dir keine solchen Erlebnisse einfallen, ist das auch in Ordnung. Halte dann die Stationen fest, an denen du etwas für dich erreicht hast, z. B. dein Abitur, das Bestehen einer Prüfung, der

Führerschein oder ein Gespräch, auf das du sehr stolz bist. Überlege, welche persönlichen Eigenschaften du aus diesen Momenten mitgenommen hast bzw. welche dazu geführt haben, dass du diese Momente erleben konntest.

Gehe hinaus in die Natur, und beginne deinen König*innen-Weg, indem du ganz bewusst eine königliche Haltung einnimmst. Stelle dir vor, dass du dich auf dem ganzen Weg als König*in in deinem Lebensreich fühlst. Achte auf dein Tempo und darauf, welche innere Haltung du einnimmst. Rufe dir nach und nach alle königlichen Momente in Erinnerung. Spüre gleichzeitig allen deinen wunderbaren Fähigkeiten und Eigenschaften nach. Lasse gedanklich alles hinter dir, und verbinde dich für einen Augenblick mit deiner Atmung und dem Vorhaben, deinen König*innen-Weg im Leben weiterzugehen.

Das Beschreiten des eigenen Lebenswegs hängt immer mit der inneren Haltung zusammen. Manchmal nehmen wir uns selbst eher zurück und empfinden die Menschen um uns herum als wichtiger. Sollte dies auf dich zutreffen, stelle dir vor, dass du heute einmal in eine andere Rolle schlüpfst. Du bist der*die König*in in deinem Leben und kein*e Diener*in, Botschafter*in, Närr*in oder Prinz*essin. Du stehst an erster Stelle. Falls das Bild des*der König*in für dich nicht passt, stelle dir vor, dass du der*die Held*in deines Lebens bist.

Beschreite deinen Weg, der dich in die Zukunft führt. Nimm dabei deinen Dirigentenstab in die Hand, und stelle dir vor, dass du als Konzertmeister*in das Orchester deines Lebens dirigierst. Höre in dich hinein, welche Menschen dich begleiten sollen, welche Eigenschaften du im Gepäck hast und auf welche besonderen Momente du zusteuerst. Wie soll dein Lebensreich in Zukunft aussehen? Was möchtest du verändern? Wie möchtest du regieren? An welchen Stellen möchtest du Einfluss nehmen? Was sind deine größten Vorhaben? Wie möchtest du dich in deinem Leben positionieren? Wie sollen andere Menschen dich wahrnehmen? Sollen sie erkennen, dass du dein Leben selbstbestimmt gestaltest, oder ist es auch in Ordnung, dass du dein Leben zugunsten eines anderen Menschen verschenkst?

Gehe so lange, bis du das Gefühl hast, an einem wichtigen Ort oder Gegenstand angekommen zu sein. Verbinde dich mit diesem Ort oder Gegenstand und deinem Gefühl dazu. Was zeigt er dir? Welches Bild siehst du? Was genau berührt dich daran?

Auf meinem Königinnen-Weg hat mich ein sehr großer, starker und mächtiger Baum angezogen. An ihm konnte Efeu entlangwachsen, und der Baum gab ihm Halt. Nach dem Hineinspüren in mich hatte ich das Gefühl, dass ich anderen die Kraft der Selbstbestimmtheit und des eigenen Lebens nehme, wenn ich mich ihnen als starker Baum zum Wachsen anbiete. Ich habe entschieden, dass ich anderen Menschen eher zur Entfaltung und Stärke verhelfe, wenn ich nicht immer die starke Person bin, sondern auch Schwäche zeige oder um Hilfe bitte. Auf diese Weise kann mein Gegenüber sich ebenfalls wichtig, groß und stark fühlen. Das Bild des Baumes trage ich als wichtige Erinnerung in mir.

Finde für dich heraus, was dir auf deinem Weg begegnet und welche Bilder oder Gegenstände dir etwas sagen wollen. Wie möchtest du dein Leben weiter gestalten? Vielleicht willst du einen Ort finden, an dem du dich mithilfe deines Dirigentenstabs ganz mit dir verbindest und dir vorstellst, dein zukünftiges Leben zu dirigieren. Versuche, körperlich zu spüren, wie klar deine Bewegungen sind, wie weich oder wie hart? Experimentiere mit deinem Dirigentenstab, oder gestalte ihn, damit er dich immer wieder daran erinnert, dass du dein Leben selbstbestimmt leben kannst. Du kannst Zeichen in ihn schnitzen oder ihn bemalen. Auf dem Rückweg kannst du dir selbst einen Satz schenken, der stellvertretend für deinen weiteren König*innen-Weg steht.

// TOWONDA – MEIN KRAFTNAME

THEMA: Finden des eigenen Kraftnamens

WIRKUNG: eine neue Seite an sich entdecken und beleben

DAUER: 60 Minuten

MATERIAL: Notizbuch oder Papier und Stifte, ein Fotoapparat oder ein Smartphone, eine Sitzunterlage

ORT: evtl. an deinem Kraftort

Vielleicht erscheint es dir etwas ungewöhnlich, dir einen Kraftnamen zu geben. Die Inspiration zu dieser Übung habe ich durch meine Ausbildung zur CoreDynamik-Therapeutin erhalten. Nach einem Jahr bekam jeder einen neuen Namen geschenkt. »Towonda« ist mein Kraftname, er bedeutet für mich »die Amazone macht sich bereit«. Ich erlebe ihn als ein wunderbares Geschenk, und er begleitet mich seit diesem Tag. Ich hoffe, dass auch du etwas für dich findest, was dich von nun an begleitet und unterstützt.

Durch die vielen anderen Übungen hast du dich besser kennengelernt, und das wird dir dabei helfen, einen Namen für dich zu finden. Es gibt keine Regel dazu, wie der Kraftname gefunden wird. Er kann aus einem oder mehreren Wörtern bestehen, vielleicht ist er dir bereits vertraut, weil er schon immer in deinem Kopf war. Allgemein ist es ein Name, der dir so gut gefällt, dass du ihn dir selbst schenken möchtest. Er kann genauso gut aus einem Satz bestehen wie »Der mit dem Wolf tanzt« oder »Steht mit einer Faust«. Vielleicht möchtest du so etwas wie ein Bewegungs- oder Tätigkeitswort hinzufügen. Fühle dich ganz frei. Vielleicht ist auch dein richtiger Name in Verbindung mit einem Eigenschaftswort eine Kräftigung oder Bestätigung für dich.

Um zu deinem neuen Namen zu gelangen, überlege dir zuerst, an welchen Ort du gehen möchtest. Das kann dein Kraftort sein oder irgendein anderer Platz. Auf dem Weg dorthin kannst du über deinen Namen nachdenken oder auch ganz absichtslos wandern. Achte darauf, ob dir ein Tier oder ein anderes Lebewesen begegnet. Vielleicht hat diese Begegnung schon mit deinem Namen zu tun.

Lasse die letzten Monate an dir vorbeiziehen, und überlege, in welchen Momenten du dich sehr kraftvoll gefühlt hast. Hat dich dabei eine besondere Eigenschaft begleitet, oder hast du eine Tätigkeit vollzogen, die dir guttat? Sprich die verschiedenen Namen, die zu dir kommen, aus, oder überlege, welcher Vokal dein Lieblingsvokal ist. Soll dein neuer Name ein O oder A enthalten? Möchtest du eher einen kurzen oder langen Namen? Gibt es vielleicht Vorbilder, deren Namen du wunderbar findest? Denke dabei an verstorbene Menschen, Gött*innen, Held*innen, Kinderbücher oder Märchen. Vielleicht möchtest du deinen Namen auch in den Wald rufen? Auf deinem Weg kannst du dich immer wieder von außen betrachten und überlegen, wen du da wandern siehst. Welches Gefühl begleitet dich, und welche Energie spürst du?

Dein neuer Name kann ebenfalls für deine Weiterentwicklung stehen. Vielleicht denkst du auch über einen ausländischen Namen nach und findest seine Bedeutung heraus. Oder du nimmst den umgekehrten Weg, wählst eine Bedeutung und schlägst diese in verschiedenen Sprachen nach. Eine andere Möglichkeit ist, dass du deine Freund*innen und deine Familie fragst, welchen Namen sie sich für dich vorstellen können. Spannend ist es durchaus auch, fremde Menschen zu fragen, welchen Namen sie passend finden.

Wenn du deinen Kraftnamen gefunden hast, lege ihn mithilfe verschiedener Naturmaterialien. Suche für die einzelnen Buchstaben kleine Stöcke, Grashalme und Ähnliches. Auch aus Steinen kannst du deinen Namen legen. Du kannst ihn mit Kreide schreiben oder mit dem Finger in den Sand oder den Schnee zeichnen. Notiere ihn auf jeden Fall in deinem Notizbuch, und schreibe auch alle Assoziationen und Ideen dazu auf. Vielleicht möchtest du auch ein Bild malen oder gestalten, es fotografieren und in deinem Zuhause aufhängen oder als Hintergrundbild auf deinem Smartphone speichern. Finde zum Ende eine passende Körperhaltung, die deinem neuen Namen gerecht wird, und ankere ihn so, dass du ihn jederzeit abrufen kannst.

Sollte sich diese Namensfindung für dich nicht stimmig anfühlen, kannst du auch einfach deinen eigenen Namen kreativ in der Natur gestalten. Auf diese Weise kommst du dir selbst noch näher und kannst dich annehmen.

// MONATSAUFGABE UND ALLTAGSRITUAL: Das Und erforschen

In meiner Ausbildung zur CoreDynamik-Therapeutin habe ich viele Schlüsselmomente erlebt. Bei einem handelte es sich um die Entdeckung bzw. das Erleben des Und. Beim Und handelt es sich um den sogenannten Gegenpol. Wir nehmen die Welt oft in Polaritäten wahr: Sonne und Mond, Tag und Nacht. Dieses Prinzip können wir auch auf unsere Eigenschaften oder Gefühle anwenden. So existiert neben der Trauer aber auch immer die andere Seite der Medaille, meist die Freude. Der Gegenpol in den Emotionen ist allerdings sehr individuell. Während bei einem Menschen das Und zur Trauer die Freude ist, kann ein anderer die Zufriedenheit als sein Und definieren. Stelle dir das Ganze wie eine Waage vor, und auf jeder Seite, also in jeder Schale, befindet sich ein Gegensatz. Manchmal fühlt es sich so an, als ob nur die Trauer existiert. In diesem Moment ist es wichtig, sich zu vergegenwärtigen, dass es die andere Waagschale, das Und, gibt. Wenn du oft lange in einem Gefühl verhaftet bist, überlege dir, was in der Waagschale auf der anderen Seite liegt.

In diesem Monat möchte ich dich einladen, das Und zu erforschen. Immer, wenn du das Gefühl hast, festzustecken, überlege dir, was in der anderen Waagschale ist und wie ein kleiner Schritt in Richtung dieser Seite aussehen kann. Solltest du z. B. traurig sein, lade dein Lächeln für zwei Minuten in dein Leben ein. Es ist auch hilfreich, zu notieren, in welchen Momenten du nicht weiterkommst, und zu überlegen, welchen Gegensatz es zu jedem Punkt gibt.

Solltest du noch weitere Übungen in der Natur machen wollen, die zu diesem Monat passen, empfehle ich dir Übung 58: »Sorgenpäckchen (Loslassritual)«, Übung 61: »Grenzen setzen oder überwinden« und Übung 64: »Lebensgestalter« aus meinem Buch »Coachingraum Natur« sowie die Übung »Mikrokosmos und Makrokosmos« aus meinem Kartenset »Coachingraum Natur«.

10. MONAT:

Scheitern und Entspannen

Affirmation:
»Ich sage das, was ich denke.«

In diesem Monat möchte ich dich einladen, das Thema »Scheitern« aus einer anderen Perspektive kennenzulernen. Es ist in unserer Gesellschaft eher negativ besetzt. Dieses schlechte Gefühl möchte ich mit dir verändern, denn das Scheitern ist im Kern etwas sehr Positives, es gehört zu unserem Lernprozess dazu. Unser Erfahrungsraum vergrößert sich, weil wir mit jedem Moment des Scheiterns, den wir erleben, erheblich über uns selbst und das Leben dazulernen. Leider können wir diesen Wissenszuwachs oft nicht erkennen, denn Scheitern löst in uns eher Gefühle des Versagens, der Scham oder der Angst aus. Lerne in diesem Monat, schöner zu scheitern. Es geht um ein Scheitern, das dem Zuwachs an Erfahrungen Raum gibt und über das du dich freuen darfst. Um diese Momente tatsächlich genießen zu können, möchte ich dir Entspannungsmethoden an die Hand geben. Außerdem lernst du spielerisch, dass Scheitern kein Weltuntergang sein muss, kannst dich beim Brücken-Winken ausprobieren und in der Natur meditieren.

Eine gesunde Balance zwischen Anspannen und Entspannen ist darüber hinaus eines deiner Ziele dieses Monats.

MODELL: Das Schöner-Scheitern-Modell

Wer kennt die Momente nicht, in denen wir im Leben scheitern? Sie sind manchmal mit Schande und Scham behaftet, ein anderes Mal mit tiefer Trauer oder Ohnmacht. Das Schöner-Scheitern-Modell zeigt dir anhand von sieben Schritten auf, dass du Scheitern auch grundsätzlich als leichter empfinden kannst, sodass die Angst davor verschwindet. Dies vertieft und erweitert deinen Lernraum.

Der erste Schritt besteht darin, das Scheitern anzunehmen und zu akzeptieren. Wenn wir dies nicht tun, bleiben wir im eigenen Erfahrungsraum stecken, und es wird schwer, einen Lernprozess zu durchlaufen. Im nächsten Schritt geht es um das Analysieren. Oft verbirgt sich im Scheitern ein unschätzbares Geschenk, das erkannt und gesehen werden möchte. Die Analyse und das Finden des Geschenks oder Gewinns ist sicherlich kein leichter Prozess. Unter Umständen kann es hilfreich sein, sich dabei von Freund*innen oder anderen Menschen unterstützen zu lassen.

Nachdem die Analyse erfolgreich war und sich vielleicht sogar das Geschenk offenbart hat, liegt der nächste Schritt darin, die Erkenntnisse und Erfahrungen zu nutzen und eine Strategie auszuarbeiten: Was kann ich ändern, um nicht mehr zu scheitern? Sobald du eine Idee für eine Veränderung hast, solltest du sie umsetzen und prüfen, wie sie dich im Alltag unterstützt. Du integrierst dabei deine Erkenntnisse in eine neue Handlung.

Nach einiger Zeit sollte deutlich werden, ob der eingeschlagene Weg der richtige für dich ist. Im nächsten Schritt geht es um das Hineinspüren und deine Intuition. Wenn dein Bauchgefühl dir ein deutliches »Au ja« signalisiert, bist du auf dem richtigen Weg.

Abbildung: Das Schöner-Scheitern-Modell

Antwortet der Bauch eher mit einem »Ach nee«, solltest du deine Handlung noch einmal prüfen, korrigieren und dir eine neue Strategie überlegen. Wenn du positiv und bestärkend auf deinen neuen Weg reagierst, kannst du im nächsten Schritt einen Ausblick in die Zukunft wagen. Was wird sich verändern, wenn du deinen Weg weitergehst? Wenn du mit dem Ergebnis nicht zufrieden bist, solltest du dich wieder neu ausrichten. Vielleicht kannst du deine neuen Handlungen mit der Gewissheit, dass du auf jeden Fall etwas dazulernst, als eine Art Experiment durchführen. Entweder fühlt sich diese Aktion gut an, oder du erkennst, wie du es nicht machen möchtest. Der letzte Schritt besteht aus dem Ausruhen und Schöpfen neuer Kraft. Auch zwischen diesen Entwicklungsschritten ist es sinnvoll, immer wieder zur Ruhe zu kommen, denn alles Neue erfordert Energie und Aufmerksamkeit.

// SCHÖNER SCHEITERN

THEMA: Übung im Scheitern

WIRKUNG: Scheitern als weniger schlimm empfinden

DAUER: 60 Minuten

MATERIAL: Notizbuch oder Papier und Stifte

ORT: überall

Ziel dieser Übung ist es, das Scheitern zu üben. Dabei ist es nicht so wichtig, dass du eine genaue Übungsanleitung befolgst, viel entscheidender ist, dass du dich auf den Prozess des Scheiterns einlässt. Nimm dir etwas vor, bei dem du vermutlich scheitern wirst, z. B. ein vierblättriges Kleeblatt finden oder zuschauen, wie ein Vogel ein Ei ausbrütet. Suche dir eine unmögliche Aufgabe aus, und werde dabei ganz kreativ. Vielleicht möchtest du einen besonderen Schmetterling entdecken oder seltene Pilze sammeln. Du kannst nach Schätzen suchen oder einen Regentanz im Wald durchführen, um einen lokalen Regenguss anzulocken. Dein Vorhaben sollte dir Vergnügen bereiten und vielleicht auch etwas verrückt sein.

Ziehe also mit deinem Vorhaben in die Natur, und versuche, deinen Wunsch wahr werden zu lassen. Lade dir Freude und Humor für diese Übung als Begleiter ein, und erkunde den Wald oder sonstigen Ort mit den neugierigen Augen eines Kindes. Freue dich vor allem über den Prozess des Scheiterns und über alles, was du ansonsten so entdeckst. Am Ende kannst du deine Erkenntnisse in ein kleines Schöner-Scheitern-Ritual einfließen lassen, z. B. einen Freudentanz aufführen, ein Lied singen, einen Jubelschrei ausstoßen oder Lachyoga machen. Alles ist erlaubt, solange du dich vor allem darüber freust, einmal bewusst gescheitert zu sein.

Versuche von nun an, dich bei allen kleinen Momenten des Scheiterns zu freuen und direkt festzuhalten, was du aus ihnen lernen kannst. Stelle dir vor, dass du wie ein kleines Kind laufen lernst und dabei immer wieder hinfällst und weiterübst. Integriere diesen Lernprozess in dein Leben. Je öfter wir scheitern, desto größer wird der Wissensgewinn sein, und wenn du dazu eine Prise Humor einlädst, ist das Ganze viel leichter. Wage dich also immer wieder aus deiner Komfortzone heraus, z. B., indem du Englisch sprichst, obwohl du das Gefühl hast, dies nicht gut zu können. Auch das Erlernen eines Instruments oder einer neuen Sprache ist in jedem Alter möglich.

// ANSPANNEN, ENTSPANNEN

THEMA: Spüren der Anspannung und der Entspannung auf körperlicher und seelischer Ebene

WIRKUNG: sich besser entspannen

DAUER: 60 Minuten

MATERIAL: bequeme Kleidung, eine Decke oder Matte

ORT: überall

Jeder Mensch entspannt sich anders. Ich möchte dir eine Methode vorstellen, die dich unterstützen kann, auch körperlich in deinen Momenten des Scheiterns zu entspannen. Die Grundidee entstammt der Progressiven Muskelentspannung nach Jacobson. Hierbei werden nacheinander verschiedene Muskeln aktiv angespannt und danach wieder entspannt. Diese Technik kannst du auch in der Natur ausprobieren.

Suche einen Ort auf, an dem du ungestört bist. Lege dich am besten in Rückenlage entspannt auf den Boden. Balle deine rechte Hand zu einer Faust, halte die Spannung, und zähle z. B. bis fünf, bevor du die Spannung langsam und bewusst wieder löst. Wiederhole das Anspannen und Loslassen ein weiteres Mal. Spanne dann deinen ganzen Arm an, indem du ihn auf den Boden drückst. Lasse diese Spannung nach einigen Sekunden wieder los. Wiederhole das Ganze ein weiteres Mal. Prüfe, ob du einen Unterschied zwischen deinem rechten und deinem linken Arm feststellen kannst. Führe dann das An- und Entspannen auch mit deiner linken Hand und deinem linken Arm durch.

Konzentriere dich danach auf deine Schulterblätter, und versuche, sie wie Flügel nach hinten zusammenzuziehen und anzuspannen. Halte die Spannung, bevor du sie nach einigen Sekunden wieder löst. Wiederhole das Ganze ein weiteres Mal, und wechsle dann zu deinem Bauch, deinem Po und nacheinander zu deinen Beinen. Die Spannung im Fuß kannst du erzeugen, indem du ihn auf den Boden stellst und nach unten drückst.

Die Übungen kannst du auch im Gesicht weiterführen: Drücke z.B. deine Mundpartie zusammen, und spitze deine Lippen, bevor du sie wieder entspannst. Kneife ebenfalls deine Augen zusammen, und löse die Spannung danach wieder. Genieße am Ende die Entspannung im ganzen Körper, und stelle dir vor, dass der Boden dich wie ein fliegender Teppich trägt.

Nachdem du nun körperliches Anspannen und Entspannen geübt hast, übertrage dies auf die Momente des Scheiterns. Stelle dir hierfür eine Situation vor, in der etwas schiefgegangen ist. Spanne gleichzeitig deinen ganzen Körper an, löse nach einigen Sekunden die Spannung wieder, und betrachte alle Lerngeschenke, die du durch diese Situation erhalten hast. Wiederhole das An- und Entspannen mit dem Fokus auf diesem einen besonderen Moment mehrere Male. Welche Gedanken tauchen auf? Lasse bewusst die Spannung aus deinem Körper los. Freue dich über den Entwicklungsschritt, und visualisiere, dass du trotz des Scheiterns deinen Lebensweg weitergehst. Vielleicht möchtest du diesen Vorgang mit weiteren Situationen durchführen, die du als nicht gelungen betrachtest. Da wir negative Ereignisse in der Regel körperlich speichern, ist es gut, noch einmal in den Körper zu spüren und uns bewusst zu entspannen, obwohl wir uns an vermeintlich schlechte Situationen erinnern.

Finde am Ende eine ganz entspannte Körperhaltung und einen wertschätzenden Satz, den du dir selbst schenkst, z.B.: »Auch wenn mir im Leben dies und jenes nicht gelungen ist, gehe ich meinen Weg weiter und nehme dies als unterstützende Lernerfahrung mit.« Hilfreich ist es auch, wenn du deinen positiven Satz in deinen Körper einklopfst. Klopfe mit den Fingerkuppen einer Hand auf deine Thymusdrüse in der Mitte deiner Brust auf Höhe der Achseln, und sprich deinen Satz einige Male laut aus.

Führe diese Übung in Zukunft nach jedem Moment des Scheiterns durch, und übe dich im Entspannen. Vielleicht offenbart sich dir dadurch auch das Geschenk oder der Gewinn, der sich im Scheitern verbirgt.

// MEDITATION IN UND MIT DER NATUR

THEMA: Frieden schließen mit dem, was ist

WIRKUNG: ruhiger und gelassener werden

DAUER: 60 Minuten

MATERIAL: Notizbuch oder Papier und Stifte, eine Decke oder Sitzunterlage

ORT: überall

»Frieden schließen mit dem, was ist«, so lautet das Thema dieser Übung. Sicherlich gab es in deinem Leben Momente, in denen du damals schon das Bedürfnis hattest, Frieden mit der Situation zu finden. Mit dieser Übung kannst du es nachholen.

Suche einen Ort und einen stellvertretenden Gegenstand für die Situation oder das Thema, das du nicht mehr ändern kannst und mit dem du Frieden schließen möchtest. Nimm eine bequeme Sitzposition ein, in der du gut atmen kannst, und lege den Gegenstand vor dich hin. Betrachte ihn mit einem weichen und liebevollen Blick. Auch wenn die Erinnerung an das Thema, die Situation oder den Menschen schmerzhaft ist, versuche, dich auf den liebevollen Aspekt zu konzentrieren.

Alle Gefühle dürfen selbstverständlich entstehen und ausgelebt werden. Versuche dennoch, deine eigene Würde wahrzunehmen und den liebevollen Blick auch nach innen zu dir selbst zu wenden. An welcher Stelle in deinem Körper nimmst du vielleicht neben dem Schmerz auch einen Ort der Ruhe wahr? Wo fühlt es sich friedlich an? Lege deine Hand dorthin, und atme ganz in Ruhe ein und aus. Halte den Blick auf deinem Gegenstand, und spüre die Hand auf der friedlichen Körperstelle. Lausche den Geräuschen der Natur, und stelle dir vor, dass du ein Friedenskonzert hörst.

Fühle dich eingebunden in das große Ganze, und lasse für einen Moment die unveränderbare Situation kleiner und bedeutungsloser werden. Spüre den Frieden in der Natur. Werde eins mit ihr, dem stellvertretenden Gegenstand und deinem Körper. Lasse dein Herz aufgehen, und atme Frieden aus der Natur in dich herein. Öffne dein Herz, und akzeptiere, dass die Situation im Moment nicht zu ändern ist. Vielleicht kann sich noch einmal etwas wandeln, manchmal ist es aber ausreichend, Frieden zu finden.

Wenn du möchtest, nimm den Gegenstand mit nach Hause, um die Übung jederzeit zu wiederholen. Vielleicht willst du ihn auch der Natur übergeben, ihn hinlegen, vergraben, verbrennen oder vom Wasser wegtragen lassen.

Schreibe deine Gedanken und Gefühle auf. Reflektiere auf deine Art und Weise, wie wohl- und entspannt du dich in Bezug auf dein Thema fühlst. Vielleicht möchtest du diese Übung wöchentlich wiederholen. Mit der Zeit wirst du merken, dass du immer mehr Frieden findest.

// BRÜCKEN WINKEN

THEMA: Kontakt zu anderen aus der Entfernung

WIRKUNG: scheitern üben, die Komfortzone verlassen

DAUER: 15 Minuten

MATERIAL: Notizbuch oder Papier und Stifte

ORT: eine Brücke

Die Inspiration zu dieser Übung habe ich vor Jahren von einer Freundin geschenkt bekommen. Ich finde das Brücken-Winken so wunderbar, dass ich es gern mit dir teile. Gehe auf eine Brücke, unter der Autos hindurchfahren, und winke den Autofahrer*innen zu. Sie sollen dich gut sehen können. Natürlich kannst du auch Schiffen von einer Brücke zuwinken. Überlege dir vorher, wie gern du diese Übung machst oder wie aufgeregt du bist. Versuche, so lange zu winken, bis dir mindestens zehn Menschen zurückgewunken haben. Beobachte dich selbst dabei, wie du mit den Momenten des Scheiterns bzw. des Erfolgs umgehst. Prüfe nach der Übung erneut, welches Gefühl du hast.

Das Brücken-Winken wird dir deutlich machen, was ich unter »schöner scheitern« verstehe. Suche auch in Zukunft Momente, in denen du entspannt und voller Freude reagieren kannst, wenn dir etwas nicht gelingt. Dabei kannst du eine spezielle Körperhaltung, die Freude ausdrückt, einnehmen, um deinem Gehirn zu signalisieren, dass das Scheitern nicht schlimm ist. Fange zunächst mit kleinen Momenten an, z.B., wenn du eine Person mit dem falschen Namen angesprochen oder die Suppe versalzen hast. Beides ist im Prinzip kein Drama, und mit Humor nimmst du diese Momente leichter. Reflektiere, was du bei dieser Übung mitnimmst, und halte es in deinem Notizbuch fest, oder teile es mit Freund*innen.

// MONATSAUFGABE: Scheitern und Entspannen

Ursprünglich wollte ich dieses Kapitel »Rückschläge« nennen, mit der Zeit und beim weiteren Schreiben und Entstehen des Buches wurde mir aber bewusst, dass dieses Wort nicht stimmig ist. Immer wenn wir scheitern, lernen wir etwas, deshalb ist Scheitern kein wirklicher Rückschlag. Ich möchte dich dazu ermutigen, das Scheitern und Entspannen zu feiern und zu üben, denn dann wird es im Leben an vielen Stellen leichter. Feiere deine Erfahrung im Anschluss an das Scheitern bewusst mit einer Geste oder einem Wort. Du kannst dir auch einen »Scheiter-Ruf« ausdenken. Übe immer wieder, dich zu entspannen. Scheitern und Entspannen lassen sich sehr gut erlernen. Je vertrauter dir beides ist, desto besser kannst du mit schwierigen Momenten im Leben umgehen.

Wenn du in Zukunft spazieren gehst, schaue einmal auf die Bäume und Blätter, die sich im Wind bewegen. Manchmal nutze ich diese Momente und stelle mir vor, wie die Bäume mir applaudieren. Es ist ein schönes Gefühl, durch die Wälder zu marschieren und Applaus zu bekommen. Unsere Gedanken sind weitaus mächtiger, als wir uns vorstellen können. Je positiver du also durch dein Leben gehst, desto einfacher wird es auch in schwierigen Momenten. Hier trifft das Motto den Kern der Sache: »Wer Negatives denkt, der kann nichts Positives erwarten.«

Solltest du noch weitere Übungen in der Natur machen wollen, die zu diesem Monat passen, empfehle ich dir Übung 69: »Erinnerungs-Tai-Chi«, Übung 70: »Im Atem mit mir und der Natur« und Übung 74: »Getragen sein« aus meinem Buch »Coachingraum Natur«.

11. MONAT:

Integration in den Alltag

Affirmation:

»Ich allein gestalte mein Leben nach meinen Wünschen.«

Langsam nähern wir uns dem Ende unserer gemeinsamen Reise. In diesem Monat steht in unserem Fokus, dass du deine Erfahrungen in den Alltag integrieren lernst. In den letzten Monaten hast du dir selbst bereits Anker gesetzt, um deine Erfahrungen jederzeit abzurufen. Du hast vielleicht Übungen für jeden Tag gefunden oder die Kraft der Affirmationen genutzt.

All das hat dich an diesen Punkt geführt. Sicherlich hast du erkannt, dass sich jedes Thema anders anfühlt und unterschiedliche Gefühle in dir auslöst.
Damit wollen wir uns u. a. nun beschäftigen, denn mit allen Themen durchläufst du einen Kreislauf und befindest dich an verschiedenen Stellen im Leben. Das Modell, das dies für dich greifbar macht, heißt »Übergänge«. Du findest vielleicht eine Pflanze, die dich in Zukunft begleitet, und erweiterst deinen Blick auf das große Ganze, das Gewebe des Lebens. In diesem Monat geht es letztlich auch darum, zu üben, zu üben, zu üben …

MODELL: Das Übergänge-Modell

Auch dieses Modell habe ich in der CoreDynamik als »Die vier Räume des Wandels« kennengelernt und mich davon inspirieren lassen. Es dient dazu, die Übergänge im Leben leichter zu durchschreiten, ihren Ablauf zu verstehen und sie immer wieder auch von außen betrachten zu können. Dabei durchleben wir verschiedene Phasen, die sich in unserem Modell als **Raum der Zufriedenheit, Raum der Verleugnung, Raum des Übergangs** und **Raum der Erneuerung** wiederfinden. Solange wir im Leben keine besonderen Ereignisse zu erwarten haben, befinden wir uns in einem Zustand der Gewohnheit. Fühlen wir uns in unserem Alltag darüber hinaus zufrieden, lässt sich dieser Zustand im Übergänge-Modell auf den Raum der Zufriedenheit übertragen. Erst wenn etwas Neues in unser Leben tritt, z.B. ein neues Haustier, der Wechsel in eine neue Arbeitsstelle oder das Ende einer Freundschaft, beginnt unsere Reise durch die verschiedenen Räume. Als Übergang können wir aber auch viel kleinere Ereignisse empfinden, und zwar jedes, bei dem wir merken, dass sich etwas in unserem Leben verändert.

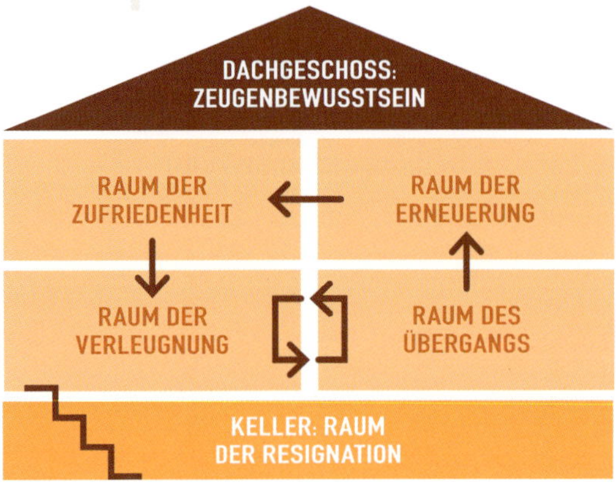

Abbildung: Das Übergänge-Modell

Stellen wir uns folgende Situation vor: Eine Beziehung geht zu Ende, und es kann geschehen, dass wir deshalb aus dem Raum der Zufriedenheit in den Raum der Verleugnung hinübergleiten. In diesem Raum spüren wir einen inneren Widerstand, gehen in den Rückzug. Dieser Weg gleicht einer Einbahnstraße. Wir können nicht einfach zurück in den Raum der Zufriedenheit, sondern durchlaufen zuvor auch die anderen Räume.

Im Raum der Verleugnung können wir lange verweilen oder sehr schnell realisieren, dass die Beziehung wirklich vorbei ist. Wir wechseln danach in den Raum des Übergangs. Sollten wir jedoch hoffen, dass die Beziehung noch zu retten ist, geht es

zügig durch die Drehtür zurück in den Raum der Verleugnung. Das Wechseln zwischen diesen beiden Räumen kann unendlich lange dauern oder auch in kurzer Zeit abgeschlossen sein.
Im schlechtesten Fall bleiben wir im Raum der Verleugnung und hoffen immer weiter, dass der*die Partner*in zurückkommt. Wenn wir darüber immer trübsinniger werden und keinen Ausweg mehr finden, öffnet sich eine weitere Tür, und zwar in den Keller, den **Raum der Resignation.** Dort befinden wir uns vermutlich in einer Depression oder dem Gefühl totaler Ausweglosigkeit, und oft bedarf es der Unterstützung von anderen, dort wieder hinaus- und in den Raum der Verleugnung zurückzukommen.
Sobald wir die Situation, wie sie ist, akzeptieren können und nicht im Raum der Resignation gelandet sind, gelingt uns der dauerhafte Wechsel in den Raum des Übergangs. Auch in ihm können wir lange verweilen. Den Aufstieg in den Raum der Erneuerung vollziehen wir, wenn wir die Situation nicht nur akzeptiert haben, sondern auch mit ihr zurechtkommen. Aus diesem Raum wechseln wir irgendwann wieder in den Raum der Zufriedenheit, und der Kreislauf kann erneut beginnen.
Im **Dachgeschoss** wohnt unser Zeugenbewusstsein. Je bewusster wir uns dieser Räume werden und von oben auf diesen Kreislauf schauen, desto leichter kommen wir mit den Übergängen im Leben zurecht. Dieser Blick von oben kann in jedem Moment geschehen, d. h., wir können aus jedem Raum heraus in das Dachgeschoss wechseln, zu unserem Zeugenbewusstsein, das nicht beurteilt.

In jeder Lebenslage beschäftigen uns verschiedenste Themen, mit denen wir uns jeweils in unterschiedlichen Räumen befinden können. Während wir vielleicht im Arbeitsbereich ganz zufrieden sind, kann unsere Wohnsituation sich so darstellen, dass wir uns im Raum der Erneuerung oder im Raum des Übergangs befinden. Ich hoffe, dass das Übergänge-Modell dir zu verstehen hilft, dass Übergänge im Leben immer wieder das Durchschreiten dieser Räume zur Folge haben. Übergänge bewirken im Leben eine Veränderung, und dies sollte zuerst einmal akzeptiert werden. In jedem Raum ist dabei ein anderes Gefühl spürbar.

// ÜBUNG ZUM ÜBERGÄNGE-MODELL

THEMA: Erleben und Erkennen, welche Themen in welchem Raum sind

WIRKUNG: Übergänge können leichter bewältigt werden

DAUER: 60 Minuten

MATERIAL: Notizbuch oder Papier und Stifte

ORT: überall

Nachdem du das Übergänge-Modell kennengelernt hast, möchte ich dich einladen, es in der Natur zu erleben. Erinnere dich noch einmal daran, was die verschiedenen Räume (Raum der Zufriedenheit, Raum der Verleugnung, Raum des Übergangs, Raum der Erneuerung, Dachgeschoss) auszeichnet. Suche dann für jeden Raum einen Ort in der Natur. Diese Orte sollten nicht zu weit voneinander entfernt sein.

Beginne deine Reise im Raum der Zufriedenheit. Schaue dich an diesem Ort um, und führe dir vor Augen, mit welchen Lebensbereichen du zufrieden bist. Schreibe diese in dein Notizbuch. Finde im nächsten Schritt heraus, mit welchen Lebensbereichen du unzufrieden bist. Wechsle dazu in den Raum der Verleugnung. Spüre in alle Themen hinein, die dich unglücklich werden lassen. Gibt es Menschen in deiner Umgebung, die dir nicht guttun? Bist du mit deiner Arbeit, deinen Hobbys, deiner Partnerschaft, deinem Zuhause … zufrieden und glücklich? Lasse dich auf den Raum der Verleugnung ein, und spüre allen Themen nach, die an diesem Ort wahrnehmbar sind. Halte sie wieder schriftlich fest.

Gibt es an diesem Ort eine Hintertür, einen Hinweis auf eine »Kellertreppe«? Gibt es Themen, die dir ausweglos erscheinen? In welchen Bereichen bzw. vor welchen Themen möchtest du dich am liebsten verstecken und dir eine dicke Decke über den Kopf ziehen? Was verschiebst du gern immer weiter in die Zukunft? Falls es solch ein Thema gibt, bei dem du das Gefühl hast, in einer

Sackgasse zu stecken, suche einen stellvertretenden Ort für den Raum der Resignation. Gehe zu ihm, und spüre bewusst, wie es ist, in dieser Sackgasse zu sein. Was fühlst du körperlich? Gibt es irgendwo ein Licht am Horizont? Versuche, von diesem Raum nur ein Thema mitzunehmen. Übertrage die anderen Themen in dein Notizbuch. Solltest du nicht im Raum der Resignation stehen, dann spüre den Themen im Raum der Verleugnung nach. Wähle ein Thema aus, mit dem du weitergehst.

Bevor du in den Raum des Übergangs wechselst, stelle dir vor, dass du den Schritt in diesen nächsten Raum wagst, obwohl du weißt, dass du jederzeit wieder zurückfallen kannst. Was brauchst du, um diesen Schritt zu gehen? Wer oder was hilft dir aus dem Raum der Verleugnung oder aus dem Raum der Resignation hinaus? In welchem Tempo gehst du von einem Raum zum anderen? Eher langsam wie eine Schnecke, oder fühlst du dich frei, leicht und schnell wie ein Vogel? Stelle dir vor, dass du in die Rolle eines Tieres schlüpfst, um den Raum zu wechseln. Welches Tier könnte das sein? Welche Tiere begegnen dir vielleicht während dieser Übung?

Frage dich im Raum des Übergangs, was dir geholfen hat, diesen Schritt zu gehen. Welche Qualitäten in dir unterstützen dich, und welche Hilfe kommt von außen? Nimm alles wahr, ohne es zu bewerten. Spüre im Raum des Übergangs, wie sich dein Thema hier anfühlt. Was zeigt dir dein Körper, und wohin fällt dein Blick? Stimmt deine äußere Haltung mit deiner inneren überein? Welche Signale erhältst du von der Natur? Was möchtest du am liebsten tun? Verweile an diesem Ort so lange, bis es dich woanders hinzieht. Vielleicht möchtest du noch einmal zurückgehen. Vielleicht will dein Körper noch bleiben, obwohl dein Kopf schon weitergehen möchte. Vertraue dich ganz deinem Körper und deiner Intuition an. Sollte es dir schwerfallen, eine Entscheidung zu treffen, probiere vielleicht einmal aus, zurück- oder weiterzugehen.

Gehe in den Raum der Erneuerung, und spüre deinem Thema auch hier nach. Was siehst, hörst und riechst du? Wer begleitet dich, und welche Bilder tauchen auf? Finde einen Satz, ein Symbol oder einen Gegenstand, um dein Thema für dich noch präsenter werden zu lassen. Stelle dir vor, dass sich dein Thema so weit verändert hat, dass du dir z. B. eine neue Gewohnheit angeeignet hast, und gehe damit in den Raum der Zufriedenheit.

Lege am Ende der Übung vielleicht einen Gegenstand an den Ort, an dem du gerade mit deinem Thema bist. Stelle dich auch noch in das Dachgeschoss, und versuche, dein Thema von oben zu betrachten. Was sagt dein eigenes Zeugenbewusstsein dazu? Wer könnte dich als Zeug*in bei deinem Thema begleiten? Was gibt es aus dieser Position noch zu sagen oder zu tun?

Finde ein Ritual, das dich unterstützt, den nächsten Schritt in deinem Thema zu gehen. Halte ihn in deinem Notizbuch fest, entspanne dich danach, und stelle dir noch einmal vor, wie dein Thema einmal durch alle Räume gewandert ist. Vielleicht findest du dadurch zu einem Abschlussresümee oder einer Erkenntnis, die dir weiterhilft. Schreibe auch diese auf, und bedanke dich für deine Erlebnisse bei der Natur. Solltest du in Zukunft auf Themen stoßen, die dich beschäftigen, dann prüfe, in welchem Raum du dich mit ihnen befindest. Vielleicht fällt es dir mit diesem Modell im Hintergrund leichter, von dem einen Raum in einen anderen zu gelangen und Übergänge als Teil des Lebens anzunehmen.

// MEINE PFLANZE

THEMA: Reflexion oder Inspiration über eine Pflanze

WIRKUNG: weitere Erkenntnisse zum eigenen Leben erhalten

DAUER: 60 Minuten

MATERIAL: Notizbuch oder Papier und Stifte, eine Sitzunterlage

ORT: überall

Gehe in die Natur, und wandere so lange, bis dich eine Pflanze anzieht. Das kann eine Blume, ein Grashalm, ein Busch, ein Baum … sein, vielleicht sogar ein Stein. Wenn du deine Pflanze gefunden hast, betrachte sie zunächst aus der Ferne. Was fasziniert dich an ihr? Wo genau steht sie, und was ist in ihrer Umgebung? Wie ist der Boden beschaffen, und wie stabil steht sie? Kommst du von allen Seiten zu ihr, oder ist sie an einer Seite geschützt? Kennst du die Pflanzenart, oder ist sie dir unbekannt? Hat sie ein dichtes Laubwerk, viele zarte Blüten …, oder ist es Herbst und liegen die Blätter am Boden? Welche Assoziation hast du zu deiner Pflanze, und welches Gefühl löst sie bei dir aus? Ist sie gesund, oder hast du den Eindruck, dass sie verletzt oder krank ist? Erkunde deine Pflanze von allen Seiten, bevor du achtsam auf sie zugehst. Komme dann auf deine Art und Weise mit ihr in Kontakt, mit ihren Blüten, Blättern …

Nimm dir Zeit, und zeichne deine Pflanze in dein Notizbuch hinein. Stelle dir auch ihre Wurzeln vor, und zeichne diese ebenfalls mit. Das Bild muss nicht perfekt sein. Finde einen Titel für deine Pflanze, und statte sie mit Merkmalen oder Eigenschaften aus.

Überlege als Nächstes, was ihr gemeinsam habt bzw. was die Pflanze dir für die Zukunft mitgeben möchte. Dafür kannst du z. B. ein Gespräch mit ihr führen oder auch später nachschauen, welche Bedeutung die Pflanze hat. Nutze diese Erkenntnisse, und wähle aus, was davon dich weiter begleiten soll. Stelle dir vor, dass die Pflanze heilsam für dich und dein weiteres Leben ist, und frage dich, welche Heilkraft von ihr ausgeht. Vielleicht kannst du eine Salbe aus ihr herstellen. Solltest du die Pflanze essen oder einen Tee aus ihr trinken wollen, tue dies nur mit einer Pflanze, die du kennst und die nicht giftig ist. Vielleicht hat sie aber auch einfach eine Botschaft, die für dein Leben heilsam ist.

Überlege, was du tun möchtest, um die Pflanze stärker in dein Leben zu integrieren. Finde eine Affirmation, eine Körperhaltung oder eine Übung, die dich von nun an begleitet. Bedanke dich am Ende bei deiner Pflanze, bevor du den Heimweg antrittst.

// ICH UND DAS UNIVERSUM

THEMA: Erweitern des Blicks auf den eigenen Lebensraum

WIRKUNG: die Komfortzone verlassen

DAUER: eine Nacht

MATERIAL: Notizbuch oder Papier und Stifte, alles, was du für eine Übernachtung im Freien brauchst

ORT: überall

Mit dieser Übung erlebst du, dass es außerhalb des eigenen Lebens noch viel mehr zu entdecken gibt. Verbringe dazu eine Nacht im Freien. Du kannst es dir auf deinem Balkon oder deiner Dachterrasse gemütlich machen oder im Garten übernachten. Besonders schön ist es aber, wenn du die Nacht fernab deiner Komfortzone verbringst, z. B. in einem Zelt auf einem Campingplatz, am Strand oder in der Hängematte im Wald.

Unter freiem Himmel mit Blick auf die Sterne erfährst du dich als Teil des großen Ganzen. Achte auch auf die Geräusche in der Natur und auf deine Gefühle. Gibt es einen besonders heiligen Moment, der dir zeigt, wie unendlich das Universum ist? Siehst du am Himmel vielleicht Sternenkonstellationen, die dich an dein Leben erinnern? Welcher Stern ist für dich bedeutsam und warum? Siehst du den Mond, und in welcher Phase befindet er sich gerade? Welche Gefühle begleiten dich, und was ist das ganz Besondere für dich in dieser Nacht? Welches Bild oder welche Titel fällt dir ein, wenn du an dich und das Universum denkst?

Wenn es gerade Winter ist, verlege die Übung in den Sommer. Du kannst auch eine Nachtwanderung machen und dabei den Sternenhimmel beobachten bzw. dich auf die Natur einlassen. Oder du erklimmst am Tag einen Berg und kannst auf dem Gipfel durch den weiten Blick das Gefühl erhalten, dass das Universum unendlich ist.

Diese Übung dient dazu, dass du deine Komfortzone verlässt und deinen Lebensraum ein Stück erweiterst. Sollte dir dieser Schritt zu schwierig erscheinen, lade einen lieben Menschen dazu ein, dich bei deiner Übernachtung im Freien zu begleiten. Teile deine Erlebnisse mit ihm, und halte sie auch schriftlich fest. Berichte vor allem von deinen Gefühlen und den besonderen Momenten. Wiederhole diese Übung, wann immer du magst, denn jede Nacht offenbart dir andere Geräusche, einen anderen Sternenhimmel und hält auch andere Erlebnisse für dich parat. Dein Horizont wird sich auf jeden Fall erweitern.

// MEIN ALLTAG UND DIE NATUR

THEMA: Integrieren des Naturerlebens in den Alltag

WIRKUNG: die Verbindung zur Natur stärken

DAUER: 30 Minuten

MATERIAL: Notizbuch oder Papier und Stifte

ORT: überall

Durch die vielen Übungen im Laufe der Monate ist dir die Natur sicherlich schon vertraut, und ein täglicher Aufenthalt draußen ist vielleicht bereits eine Selbstverständlichkeit für dich. Es kann aber auch sein, dass du dich immer wieder dazu überwinden musst, die Übungen zu machen und nach draußen zu gehen. Ich möchte dich an dieser Stelle dazu motivieren, dir eine feste Zeit einzuplanen, in der du die Natur aufsuchst oder sie dir in dein Zuhause holst. Du kannst deine Verbindung zur Natur auch stärken, indem du z. B. Naturbilder, Pflanzen, Naturmaterialien und Ähnliches in deine Wohnung stellst und über sie mit der Natur in Kontakt kommst. Je stärker das Band zwischen dir und der Natur ist, desto zufriedener und entspannter wirst du dich fühlen.

Gehe mit der Absicht los, einen kleinen Rundgang in deiner Nähe zu finden, den du möglichst oft in deinen Alltag einbauen kannst und der dich in die Natur führt. Dieser Ausflug kann von deiner Arbeitsstelle aus starten, von zu Hause oder vielleicht von einem Ort, an dem du einmal in der Woche bist. Aus eigener Erfahrung kann ich berichten, dass ich versuche, ein Jahr lang jeden Tag eine Meile draußen zu joggen. Dieses Ritual ist für mich Gold wert, denn ich finde immer wieder neue Wege und genieße die Natur. Finde für dich ebenfalls eine Aktivität oder einen Weg, vielleicht auch eine Meditation, die dich darin unterstützt, den Alltag zu genießen und die Natur zu erfahren. Notiere auch eine stärkende Affirmation zu dieser besonderen Verbindung, und hänge sie in deinem Zuhause gut sichtbar auf, sodass du täglich daran erinnert wirst.

// MONATSAUFGABE:
Üben, üben, üben

In diesem Monat möchte ich dir noch einmal nahelegen, wie wichtig Üben ist. Nimm dir ausreichend Zeit, um den Impulsen dieses Buches nachzukommen. Versuche auch, dir nach jeder Übung etwas zu überlegen, was du im Alltag praktizieren, z. B. deine tägliche kleine Naturrunde. Wenn du etwas ca. drei Monate lang wiederholst, dann wird die Handlung zu einer Gewohnheit. Sie ist als Alltagsritual abgespeichert, und vermutlich wirst du die Aktivität vermissen, wenn du sie nicht durchführst. Gib also deinem Gehirn und jeder Zelle deines Körpers die Chance, eine neue Tätigkeit in der Natur als Gewohnheit zu erleben.

Solltest du noch weitere Übungen in der Natur machen wollen, die zu diesem Monat passen, empfehle ich dir Übung 64: »Lebensgestalter«, Übung 65: »Ich gebe mir ein Versprechen« und Übung 66: »Dankbarkeitsritual« aus meinem Buch »Coachingraum Natur«.

12. MONAT:

Rückblick, Ausblick und Resümee

Affirmation:
»Die Zukunft liegt mir zu Füßen.«

Der letzte Monat unserer Reise hat nun begonnen. In ihm möchte ich mit dir gemeinsam zurückblicken, damit du deine Erfahrungen gut einsammeln kannst. Reflektiere über die Stationen deiner Reise, die folgenden Fragen können dich dabei unterstützen:

» Was hast du in den letzten Monaten über dich erfahren?
» Was hat dir in der Zeit geholfen, weiterzugehen?
» Wer oder was hat dich begleitet?
» Was hast du in deinem Leben verändert?
» Was hat dir gefehlt?
» Wem möchtest du danken?

Dir fallen sicherlich noch viele weitere Fragen ein. In der Übung »Meine Sternmomente« nimmst du dir noch einmal ausreichend Zeit für die Reflexion. Gemeinsam wagen wir eine Reise in die Zukunft, und du sollst dir auch ein eigenes Abschlussritual gestalten.
Genieße diesen letzten Monat, und feiere deine Erlebnisse und deine Erfolge. Wertschätze, dass du dich auf deinen Weg gemacht hast, und freue dich darüber, ihn in und mit der Natur gegangen zu sein.

// DIE WANDERUNG ZU DIR SELBST

THEMA: Reflektieren der Reise

WIRKUNG: sich der eigenen Entwicklung bewusst werden

DAUER: 60 Minuten oder länger

MATERIAL: Notizbuch oder Papier und Stifte

ORT: überall

Seit elf Monaten befindest du dich auf einer Wanderschaft. In dieser Übung geht es darum, zu reflektieren, wie es dir auf deiner Reise ergangen ist. Dabei berücksichtigen wir alle inneren und äußeren Einflüsse. Nimm für diese Übung deinen Rucksack mit, und packe alles hinein, was du für eine Wanderung benötigst. Stelle dir diesen Ausflug als eine Art Rückblick und neue Standortbestimmung vor.
Schaue zunächst, wo du ihn beginnen möchtest. Wie sieht die Umgebung auf deinem Weg aus und wie der Weg selbst? Befindest du dich auf einer freien Fläche, oder siehst du Bäume und Sträucher in deiner Nähe? Gibt es Berge, die du besteigen musst, oder führt dein Weg talwärts? Welche Stolpersteine befinden sich auf ihm, und welche Ausblicke treiben dich an? In welcher Jahreszeit befindest du dich, und wie ist das Wetter? Scheint die Sonne und ist es warm, oder siehst du dich als Wanderer*in in einer dicken Jacke und bei Regen? Gehst du auf der Sonnen- oder der Schattenseite? Ist ein Krafttier oder sind andere Begleiter*innen an deiner Seite, die du sehen oder spüren kannst? Reflektiere auf dem ersten Abschnitt, welche äußeren Faktoren dich begleiten. Mit welcher Geschwindigkeit bist du unterwegs, und was siehst und hörst du? Halte alle äußeren Einflüsse schriftlich fest.

Nachdem du die äußeren Faktoren beleuchtet hast, kannst du dich den inneren Einflüssen zuwenden. Wie steht es um dein Gepäck? Was trägst du in deinem Rucksack zusätzlich an Fähigkeiten und Emotionen? Welche Erfahrungen hast du bereits verinnerlicht? Welche Bilder hast du mitgenommen, und was treibt dich an, weiterzugehen?

Folge dazu deinem Weg, und durchwandere sozusagen die letzten Monate noch einmal. Achte in jedem Abschnitt darauf, was die Natur dir spiegelt. Falls du möchtest, kannst du immer eine kleine Pause einlegen und dir Notizen zu deiner Rückschau machen. Erinnere dich an den ersten Monat und deinen Aufbruch. Du hast dir einen Kraftplatz gesucht und vielleicht erfahren, ob du ein*e Abenteurer*in oder ein*e Einzelgänger*in bist. Du hast überlegt, was du wirklich willst, und dir einen Brief geschrieben. Im zweiten Monat ging es um deine Lebenslandkarte, dein Inneres Team und deine Lebensenergie. Der dritte Monat stand unter dem Motto »Wahrnehmen und Orientieren«. In ihm hast du erfahren, dass die Natur dir als Spiegel dienen kann. Außerdem konntest du auf deine Stärken blicken und neue Perspektiven auf alte Themen finden. Im vierten Monat ging es um die Schulung deiner Wahrnehmung. Der Umgang mit dir selbst stand dabei im Vordergrund. Die Säulen deiner Gesundheit und das Verhältnis zu deinem Körper waren die Schwerpunkte im fünften Monat. Im nächsten Abschnitt ging es um deine Gefühlswelt, und im siebten Monat hast du die Kraft der Elemente erfahren und deine Verbindung zu ihnen gestärkt. Danach konntest du deine Ziele fester in den Blick nehmen und auch deine Bedürfnisse dahinter kennenlernen. Der neunte Monat hat dir eine neue Sicht auf das Scheitern im Leben geschenkt, und du hast den Wert von regelmäßiger Entspannungszeit erfahren. Im nächsten Abschnitt konntest du die Verbindung zu dir selbst stärken, besonders durch den Blick auf deine Entwicklung. Im letzten Monat hast du gelernt, wie du Erkenntnisse in den Alltag integrierst, und dies geübt.

In jedem Monat hast du vermutlich etwas gelernt und mitgenommen. Lasse die einzelnen Stationen noch einmal an dir vorbeiziehen. Übertrage in dein Notizbuch, woran du dich erinnerst und welche Bilder dich begleiten. Vielleicht hast du bereits neue Eigenschaften verinnerlicht oder Erkenntnisse und heilsame Momente erlebt, die du in dieser Rückschau festhalten möchtest. Welche Gepäckstücke oder Themen hast du auf deiner Reise losgelassen?

Schaue auf deine Wanderung, und erinnere dich an die Übungsorte und daran, was du aus diesen elf Monaten konkret mitgenommen hast. Du kannst auch ein Bild aus Naturmaterialien zu deinem Weg gestalten oder ein Jahrespanorama legen, um dir die wichtigsten Stationen in Erinnerung zu rufen. Finde am Ende deiner Wanderung eine Körperhaltung oder einen Satz, der zum Ausdruck bringt, was du in dieser Zeit erlebt, gelernt und verinnerlicht hast.

// MEINE STERNMOMENTE

THEMA: Erinnern von besonderen Momenten

WIRKUNG: sich des Erreichten bewusst werden

DAUER: 60 Minuten

MATERIAL: Notizbuch oder Papier und Stifte, eine Sitzunterlage

ORT: überall, wo Sterne am Himmel sichtbar sind

Diese Übung dient ebenfalls der Reflexion der letzten Monate. Sie hilft dir, dich an besondere Momente zu erinnern und diese mithilfe der Sterne festzuhalten. Die Idee dazu hatte meine Tochter Luca, und ich darf diese zauberhafte Übung mit dir teilen. Gehe am Abend an einen Ort, an dem du bequem in den Himmel schauen kannst. Finde für dich eine Möglichkeit, dich vollkommen zu entspannen. Du kannst z. B. deine Sinne aktivieren oder eine Atemübung machen.

Schaue dann in den Himmel, und beobachte die Sterne. Wenn du dich mit Sternbildern auskennst, halte nach deiner Lieblingssternenkonstellation Ausschau. Lasse dich überraschen, an welchen besonderen Moment deiner Reise du dich zuerst erinnerst. Dieser Moment ist einer deiner Sternmomente. Erinnere dich an jede Einzelheit, und suche dir einen Stern aus, der in Zukunft für diesen Moment stehen soll. Kassiopeia, auch »Himmels-W« genannt, weil sie die Form eines großen Ws hat, ist leicht am Firmament zu finden. Auch der Große Wagen oder Große Bär und der Orion sind gut erkennbar. Erinnere dich an weitere wichtige Momente deiner Reise, und wähle auch für sie einen Stern aus. Wenn du in Zukunft in den Himmel schaust, werden diese Augenblicke sicherlich wieder lebendig.

Du kannst diese Übung nicht nur zur Reflexion eines Jahres nutzen, sondern auch für jeden Tag, um dich an die schönen Augenblicke zu erinnern. Als visuelle Unterstützung kannst du dir über deinem Bett einen Stern oder dein Sternbild befestigen, eine Sternenlichterkette oder etwas Ähnliches aufhängen.

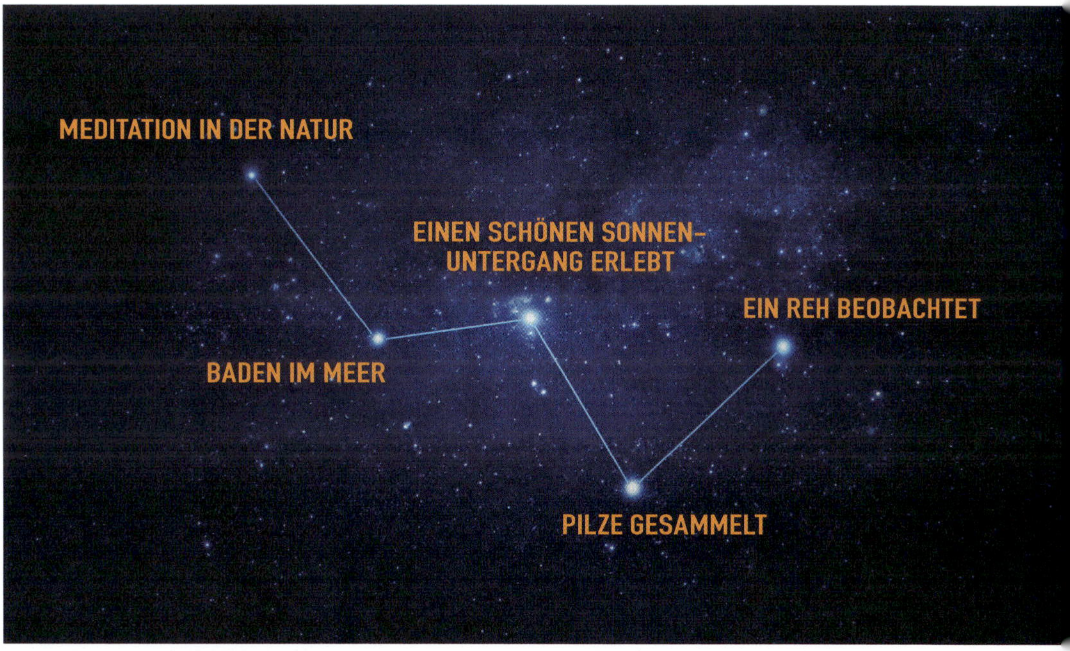

Abbildung: Sternmomente in der Kassiopeia

// REISE IN DIE ZUKUNFT

THEMA: Blick in die Zukunft

WIRKUNG: Visionen können auftauchen

DAUER: 60 Minuten

MATERIAL: Notizbuch oder Papier und Stifte

ORT: überall

Heute möchte ich mit dir eine Reise in die Zukunft wagen. Du musst noch nicht wissen, wie deine Zukunft aussieht. Genieße zunächst nur die Natur, und lasse mit jedem Schritt den Blick in die Vergangenheit und das Jetzt los. Stelle dir vor, dass du einen Zukunftsplatz entdeckst. Lasse dich so lange treiben, bis du einen Ort findest, an dem du das Gefühl hast, dies könnte er sein. Finde außerdem einen Platz für den heutigen Tag. Stelle dich zuerst auf den Gegenwartsplatz, und spüre in deinen Körper hinein. Schaue dann zu deinem Zukunftsplatz, und stelle dir vor, dass er für einen Tag in fünf Jahren steht.

Starte nun deine Reise in die Zukunft, indem du von dem Gegenwartsplatz auf den Zukunftsplatz wechselst. Gehe möglichst langsam, und halte an den Stellen an, an denen du das Gefühl hast, stehen bleiben zu wollen. Beobachte alles, was dir begegnet. Vielleicht entstehen erste Visionen, die für die nächsten fünf Jahre bedeutsam sind. Was stellt sich dir in den Weg? Gibt es Stolpersteine oder Helfer*innen am Wegesrand? Trägst du bereits eine Vision in dir, die auf dem Weg in die Zukunft deutlicher wird?

Stelle dir vor, dass du auf deinem Weg Monat für Monat und Jahr für Jahr durchschreitest. Es ist ein Gang in die Zukunft, ohne dass du überlegen sollst, was dich dort erwartet. Lasse dich eher durch die Begegnungen und Bilder in der Natur inspirieren. Vielleicht sind es auch Geräusche oder die Elemente, die dir bedeutsam erscheinen. Wenn du möchtest, halte deine Gedanken in deinem Notizbuch fest. Vielleicht liegen auch wichtige Ereignisse, in die du hineinspüren möchtest, z. B. die Geburt eines Kindes oder ein runder Geburtstag, in den nächsten fünf Jahren.

Gestalte deine Reise in die Zukunft so, wie du willst. Stelle dir vor, dass du selbst es bist, der*die den Weg beschreitet, und versuche, eine positive Vision zu entwickeln. Wie fühlt sich diese Vision an deinem Zukunftsplatz an? Was kommt dir zuerst in den Sinn, und wohin fällt dein Blick? Welche Geräusche hörst du, und was riechst du? Was möchtest du tun, um diesen Moment festzuhalten? Wer hat dich auf deinem Weg in die Zukunft begleitet? Wen möchtest du als Begleitperson bei dir haben? Gestalte deinen Zukunftsplatz ganz kreativ und nach deinen Wünschen. Finde stellvertretende Gegenstände für deine Vision und alles, was dir in der Zukunft wichtig ist. Halte deine Erkenntnisse schriftlich fest. Bedanke dich bei der Natur, und finde am Ende eine Affirmation und Körperhaltung, die dich auf deinem Weg begleiten werden.

// ABSCHLUSSRITUAL

THEMA:	Selbstwertschätzung
WIRKUNG:	die Reise rituell beenden
DAUER:	offen
MATERIAL:	Notizbuch oder Papier und Stifte, alles, was du für dein Ritual brauchst
ORT:	überall

Dieses Abschlussritual kannst du ganz nach deiner Vorstellung gestalten. Eine kleine Inspiration möchte ich dir dennoch mitgeben: Finde einen Tag, an dem du Zeit und ganz viel Muße hast. Suche bei Sonnenaufgang eine Schwelle, die du zum Losgehen übertrittst. Von diesem Moment an wartet die Natur den ganzen Tag auf dich. Vielleicht möchtest du eine Decke oder eine Hängematte mitnehmen und zwischendurch gemütliche Pausen einlegen. Nimm auch Wasser oder Tee mit und vielleicht einen leichten Reiseproviant. Du kannst auch versuchen, diesen Tag ganz ohne Essen und Kontakt zu anderen zu verbringen.

Auf deinem Weg in der Natur geht es vor allem darum, dass du dich selbst wertschätzt und dich in deiner Natürlichkeit und im tiefsten Kern spürst. Je weniger Ablenkung du hast, desto intensiver erlebst du diesen Tag. Stelle dir vor, wie du eine Wanderung zu dir selbst unternimmst, und lasse dich überraschen, was dir von der Natur geschenkt wird. Staune über die kleinen Wunder, und erfreue dich an allen Dingen, die die Umgebung dir spiegelt. Vertraue darauf, dass sich an diesem Tag alles so ergeben wird, wie es in diesem Augenblick richtig und wichtig ist. Vertraue dich dir selbst und der Natur an, und lasse wichtige Erfahrungen noch einmal an dir vorüberziehen. Vielleicht möchtest du Plätze, an denen du gewesen bist, erneut aufsuchen. Deine Erinnerungen kannst du auch lebendig werden lassen, indem du in deinem Notizbuch liest. Du kannst zwischendurch auch etwas kreativ in der Natur gestalten und damit noch einmal deiner Wertschätzung für deine Reise Ausdruck verleihen.

Lasse dich überraschen, ob es ein Spaziergang wird, bei dem du viel hörst, riechst, siehst oder ertastest. Deine Einzigartigkeit und Natürlichkeit steht ganz im Vordergrund. Du kannst sehr stolz auf deinen Weg der letzten Monate sein. Spüre die Dankbarkeit, und finde Dankesworte für dich und die Natur. Vielleicht möchtest du auch anderen Menschen danken, die dich begleitet haben. Suche unterwegs für sie kleine Steine, und nimm diese mit. Übergib jedem Menschen einen Stein, und sprich deine Dankesworte laut aus, am besten vor anderen. Diese Steine können dann mindestens eine Nacht bei der Person bleiben und dann in gleicher Form weitergegeben werden, oder die Person behält den Stein. Dieses Ritual heißt »Stein der Weisen«, und du kannst es jederzeit wiederholen.

Feiere dich und das Leben. Genieße deinen Tag in der Natur, und beende dein Abschlussritual, indem du erneut über eine Schwelle schreitest. Ich hoffe sehr, dass du deine Erlebnisse tief in dir trägst und sie dich hilfreich durch dein Leben begleiten.

// MONATSAUFGABE:
Was nun?

Vielleicht fragst du dich, wie es nach unserer gemeinsamen Reise weitergeht. Oder du bist mittlerweile so viel in der Natur unterwegs, hast Plätze gefunden oder Rituale, die du magst, dass diese Frage für dich keine Relevanz hat. Einige Ideen zum Weitermachen möchte ich dir zum Abschluss mitgeben:

» Visionsreise
» Wildniswandern
» Waldbaden
» Meditation in der Natur
» Pilgerreise
» Ausbildung zum*r Naturcoach*in
» Kräuterwanderungen
» Kochen am Feuer
» Austausch mit Freund*innen und Übungen mit ihnen zusammen
» Abschluss zur Reise schreiben
» Weiterbildungen und Kurse bei mir unter www.coachingraumnatur.com

Solltest du noch weitere Übungen in der Natur machen wollen, die zu diesem Monat passen, empfehle ich dir Übung 34: »Aus alten Mustern ausbrechen«, Übung 53: »Der Weg zum Kern« und Übung 54: »Alle Wege führen zu mir« aus meinem Buch »Coachingraum Natur«.

// ERLEBE DIE JAHRESZEITEN

Die Idee hinter diesem Jahresguide ist, dass du deine Reise zu dir selbst jederzeit beginnen kannst. Natürlich kann ich deshalb in den einzelnen Übungen die Jahreszeiten nicht berücksichtigen. Dennoch möchte ich dich dazu einladen, die unterschiedlichen Energien und Kräfte von Frühling, Sommer, Herbst und Winter zu erleben.

Im Frühling geht es um Entfaltung und Entstehung. Die Natur erwacht, und ein neues Landschaftsbild entsteht. Diese Themen können wir im Frühling auch bei uns selbst wiederfinden. Oft erwachen wir aus unserem »Winterschlaf« und fühlen uns gestärkt für neue Projekte oder Entwicklungen. Nutze den Frühling also für alle Dinge, die du ins Leben bringen möchtest, und unterstütze dies durch das Element **Feuer.** Vielleicht möchtest du einen Frühjahrsputz durchführen oder neue Pflanzen oder Gemüse säen und anziehen. Auch eine Medizinwanderung mit dem Fokus **»Was will ich ins Leben bringen?«** bietet sich an. In der Temperamentenlehre werden der Frühling und der **Süden** den **Choleriker*innen** zugeordnet, und diese tatkräftige und starke Energie ist hilfreich bei allen Projekten.

Der Sommer steht für Reifung und Erblühen. Die Pflanzen zeigen sich in aller Pracht im Außen, und auch du kannst den Sommer nutzen, um in der Natur und unter Menschen deine Erfahrungen zu sammeln. Die **Luft** begleitet dich als Element, und auch das Temperament der **Sanguiniker*innen** mit ihrer positiven und frohen Energie unterstützt dich. Eine Medizinwanderung kannst du unter das Thema **»Was will ich befeuern?«** stellen. Der Sommer wird dem **Osten** zugeordnet, und vielleicht möchtest du deshalb deine Medizinwanderung bei Sonnenaufgang beginnen.

Im Herbst ist Erntezeit. Im übertragenen Sinne kannst auch du die Früchte deiner Entwicklung genießen und mit anderen Menschen teilen. Diese Jahreszeit wird dem **Westen** zugeordnet. Das Element **Wasser** begleitet dich bei deiner Reise, genauso wie die ausgleichenden und intuitiven Qualitäten der **Phlegmatiker*innen.** Eine Medizinwanderung kannst du mit dem Fokus **»Was gibt mir Halt?«** durchführen.

Im Winter ruht die Natur sich aus, und alles ist nach innen gekehrt. Diese Jahreszeit ist die ideale Ruhezeit, in der du vielleicht soziale Kontakte pflegen oder dich um dich selbst kümmern kannst. Der Winter wird dem **Norden** und dem Element **Erde** zugeordnet sowie den tiefsinnigen und sensiblen Energien der **Melancholiker*innen. »Was sind meine Ziele?«** ist die Frage, die bei einer Medizinwanderung im Fokus stehen sollte.

Medizinwanderung

Den unterschiedlichen Themen und Energien der Jahreszeiten kannst du dich auf einer Medizinwanderung nähern. Sie zeigt dir einen Weg zu dir selbst, auf dem du tief in die Natur eintauchst. Die Natur dient dir auch hier als Spiegel und hält Antworten für dich bereit. Du erlebst dich an diesem Tag in deiner Natürlichkeit und begegnest deinem Kern. Ich empfehle dir diese spirituelle Erfahrung von Herzen.

Überlege dir für deine Medizinwanderung einen festen Zeitrahmen, üblicherweise fängt sie bei Sonnenaufgang an und endet bei Sonnenuntergang. Beginne und beende deine Wanderung rituell, indem du eine Schwelle überschreitest. Du kannst in der Natur eine natürliche Schwelle übertreten oder diese selbst gestalten, z. B. eine Grenze aus Stöcken oder eine auf die Erde gezeichnete Linie. Verbinde dich vor der Wanderung mit dir, und lade dir zur Unterstützung z. B. ein Krafttier ein. Lasse dich von dem Fokus der unterschiedlichen Jahreszeiten inspirieren, oder stelle die Medizinwanderung unter eine Frage, die du in dir trägst. Richte deinen Fokus auf dieses Thema, bevor du die Schwelle überschreitest, die Frage wird dich dann begleiten, während du in die Natur eintauchst. Diese schenkt dir Antworten oder neue Perspektiven. Achte also drauf, was du mit allen Sinnen wahrnimmst, was dir vielleicht immer wieder begegnet.

Du kannst selbst entscheiden, ob du gehen, sitzen oder liegen möchtest, die meiste Zeit wirst du vermutlich einfach unterwegs sein. Gestalte den Tag ganz so, wie es sich für dich stimmig anfühlt, und streife ohne festen Plan oder ein Ziel durch die Natur. Lasse alle Dinge, die dich ablenken, zu Hause, und faste im Idealfall an diesem Tag. Nimm jedoch genug zu trinken mit, am besten Wasser oder Tee. Auch eine Decke zum Ausruhen ist sicher hilfreich. Sage jemandem Bescheid, dass du auf einer Medizinwanderung unterwegs bist, und melde dich bei der Person, wenn du wieder zu Hause bist.

Falls du dir keine lange Medizinwanderung zutraust, kannst du dich ihr annähern, indem du z.B. zunächst kleine Wanderungen von zwei Stunden machst. Überschreite am Ende wieder deine Schwelle. Schreibe deine Erfahrungen und Erlebnisse in dein Notizbuch, oder teile sie einem lieben Menschen mit.

Naturimpulse für jeden Monat

Nicht nur die Jahreszeiten haben ihre eigene Qualität, die wir für unsere Entwicklung nutzen können, auch jeder Monat verkörpert eine andere Energie. Deshalb möchte ich dir für jeden Monat einen weiteren Impuls mitgeben, durch den du die Qualität des Monats noch besser und auch die Natur intensiver spüren kannst. Nutze diese Naturimpulse zusätzlich zu deinem Jahresprogramm, wenn du dich mit dem jeweiligen Monat verbinden möchtest.

JANUAR

Im Januar ist es Zeit, eine Innenschau zu halten und das zurückliegende Jahr zu verarbeiten. Alle positiven Ergebnisse können wir als Unterstützung mit ins neue Jahr nehmen, um dieses gut zu beginnen.

Suche in der Natur einen Ort, an dem du gut nach innen blicken kannst. Das kann z. B. eine Höhle sein, eine Bank unter einem Baum, eine kleine Hütte im Wald oder ein anderer Ort, an dem du dich geschützt fühlst. Auf dem Weg dorthin kannst du mit deiner Innenschau beginnen. Finde für alle Momente, an die du dich erinnern möchtest, einen stellvertretenden Gegenstand. Wenn du an deinem besonderen Ort angekommen bist, lege aus ihnen ein Bild oder sortiere sie nach ihrer Wichtigkeit. Lege dann die Gegenstände für die Erinnerungen, die du mit ins neue Jahr nehmen möchtest und die dich auch in den kommenden Monaten unterstützen sollen, zur Seite. Für alle anderen Gegenstände kannst du einen Ort in der Natur suchen und sie dort ablegen. Suche dir aus den zur Seite gelegten Gegenständen einen einzigen heraus, der stellvertretend für alle ist. Gestalte ihn so, wie du möchtest. Du kannst ihn z. B. bemalen und dann mit nach Hause nehmen, während du auch die anderen achtsam in der Natur verteilst. Der eine Gegenstand wird dein Glücksbringer im neuen Jahr sein. Außerdem kannst du deine Erfahrungen in deinem Notizbuch festhalten oder sie einem anderen Menschen erzählen.

FEBRUAR

Im Februar geht es darum, erste Ideen zu sammeln oder dir Projekte zu überlegen, die du in diesem Jahr ins Leben bringen möchtest.

Im Februar kannst du eine Übung durchführen, die »360 Grad« heißt. Suche einen Ort in der Natur, an dem du dich wohlfühlst. Stelle dich dort auf einen Punkt, und verbinde dich zunächst mit dir selbst. Drehe dich dann langsam einmal um deine eigene Achse, und stoppe immer dann, wenn du den Impuls dazu verspürst. Schaue auf das Bild, das sich vor dir ausbreitet. Nimm es als Impuls für ein erstes Brainstorming zu deinen Projekten und Visionen an. Schreibe deine Eindrücke sofort auf, denn alles, was dir zu dem Bild einfällt, kann für eines deiner Projekte hilfreich sein. Mache dann weiter, bis du dich einmal um 360 Grad gedreht hast, und verfahre auf diese Weise mit all deinen Stopps. Vielleicht möchtest du am Ende noch einmal auf dein Lieblingsbild schauen. Erstelle auch eine kleine Mindmap zu einer deiner Projektideen.

MÄRZ

Der März unterstützt uns dabei, einen Zugang zu unseren Träumen zu finden. In diesem Monat sind wir besonders gut in der Lage, nach innen zu hören.

Nicht jeder Mensch erinnert sich am Morgen an seine Träume. Wähle dir einen Tag im März aus, an dem es schon etwas wärmer ist. Finde in der Natur einen Platz, an dem du gut liegen oder sitzen kannst. Nimm eine Decke und eine Sitzunterlage mit, damit du die Zeit in der Natur genießen kannst. Entspanne dich auf deine Art und Weise, bevor du deine Gedanken in deine Traumwelt lenkst. Du kannst deine Augen schließen oder offen lassen, wie auch immer du möchtest. Versuche, bewusst am Tag zu träumen, und achte darauf, welche Bilder und Gedanken auftauchen. Visualisiere sie so, als ob sie in Zukunft in Erfüllung gehen, und stelle dir deinen Tagtraum in allen Details vor. Finde zu einem Traumbild, das du aus Naturmaterialien legen, zeichnen oder in einer anderen Form festhalten kannst. Versuche, dich auch in Zukunft mit deinen Tagträumen zu beschäftigen, oder halte die Träume der Nacht in deinem Notizbuch fest. Welche Botschaften halten sie für dich bereit?

APRIL

In diesem Monat hast du viel Energie, um deine Projekte anzugehen. Nutze die Schaffenskraft, und entscheide dich für eines deiner Projekte.

Nachdem du nun Projektideen entwickelt hast oder auch deinen Träumen nachgegangen bist, kannst du im April tatkräftig eine oder einen davon umsetzen und ins Leben bringen. Gehe mit deiner Idee in die Natur, und achte darauf, was dir zuerst ins Auge fällt. Finde für dieses Bild einen Titel oder eine Affirmation, die dich bei der Umsetzung deines Projekts unterstützt.

MAI

Im Mai kannst du das Leben genießen. Deine Seele kann aufblühen, und dir fällt es leichter, Rücksicht auf andere zu nehmen oder dich mit ihnen zu versöhnen.

Im Mai darfst du deine Seele baumeln lassen. Packe eine Hängematte oder eine Decke ein, und suche einen Ort in der Natur auf, an dem du dich niederlassen kannst. Hier gibt es nichts zu tun, außer in der Hängematte zu verweilen oder auf der Decke zu liegen. Das Motto ist: Entspannen und ausruhen. Genieße die Natur um dich herum, und tue all das, was dich beim Erholen unterstützt.

JUNI

Der Fokus im Juni sind die sozialen Kontakte und der Austausch mit anderen.

Mein Naturimpuls für den Juni ist ein Wohlfühltag. Vielleicht möchtest du mit einem lieben Menschen draußen in der Natur ein Picknick machen. Genießt die Ruhe und die gemeinsame Zeit. Auf dem Weg zu eurem Platz könnt ihr einander drei Schnappschüsse schenken. Geht dabei folgendermaßen vor: Während der eine die Augen schließt, führt der andere ihn zu einem schönen Naturbild. Signalisiert dem anderen, dass er für einen kurzen Augenblick die Augen öffnen soll, z. B. durch einen leichten Druck auf die Schulter. Dies ist ein Schnappschuss. Dann geht ihr weiter und schenkt einander weitere Bilder. Merkt euch die Schnappschüsse. Das Verschenken eines Naturbilds kann zu einem bestimmten Thema erfolgen oder auch intuitiv sein. Vielleicht wollt ihr darüber ins Gespräch kommen oder diesen Impuls spielerisch ausprobieren. Lasst es euch an eurem Wohlfühltag gut gehen, und nehmt euch auch in Zukunft vor, solche kleinen Unternehmungen zu genießen.

JULI

Nutze die Qualität des Juli, um auf dich und dein wahres Sein zu blicken und inneren Frieden zu erfahren.

Im Juli geht es um dein wahres Sein. Gehe an einen See, einen Fluss oder ins Freibad, vielleicht auch ans Meer. Lege dich ins Wasser, wenn du möchtest und kannst, sogar nackt. Genieße dein wahres Sein, und lasse dich ein wenig treiben. Du kannst auch eine Luftmatratze nutzen. Stelle dir vor, dass du nach und nach alle Gedanken von dir abstreifst, die dich belasten. Das Wasser trägt sie dann fort von dir und befreit dich. Spüre dich in deinem einzigartigen Kern und deinem wahren Wesen. Alternativ kannst du auch an Land für jede Last einen Gegenstand suchen und ihn ein Stück mit dir herumtragen. Lege ihn dann gewissenhaft an einer Stelle ab, um deinem wahren Sein näher zu kommen. Verfahre so mit allen Gegenständen, und spüre am Ende, wie du dich von allem befreit hast.

AUGUST

Im August erlebst du die Fülle und die ganze Kraft, mit der du dich zeigen kannst. Die Erntezeit beginnt.

Die Ernte wird erlebbar, wenn du diesen Vorgang auch einmal in der Realität durchführst. Was kannst du gerade in der Natur ernten oder sammeln? Vielleicht kannst du Freund*innen bei der Apfelernte unterstützen oder Brombeeren pflücken. Mache das ganz bewusst, und übertrage das Ernten in Gedanken auf all die Dinge, die du erschaffen hast. Welche Projekte und Ideen fallen dir dazu ein? Was hast du bisher im Leben erreicht? Wo kannst du aus dem Vollen schöpfen? Was hast du bereits geerntet, und was steht noch an? Notiere deine Erkenntnisse auch in deinem Notizbuch.

SEPTEMBER

Der September ist die Hauptzeit der Ernte, und Vorräte werden angelegt. Auf Projekte und Visionen übertragen, sollen Intuition und Verstand zusammenarbeiten.

Auch im September geht es noch einmal um die Früchte der Natur und der Arbeit. Mache etwas aus dem, was du geerntet hast, z. B. kannst du Apfelmus oder eine Brombeermarmelade einkochen oder gesammelte Pilze trocknen. Achte bei allen Tätigkeiten darauf, dass Herz und Verstand zusammenarbeiten, und lasse dich von deiner Intuition leiten. Du kannst z. B. aus dem Bauch heraus entscheiden, wie viel Zucker deine Brombeermarmelade enthalten soll. Nimm aufmerksam wahr, was dein Herz und dein Verstand sagen. Übertrage deine Erfahrungen bei dieser Tätigkeit auch auf andere Vorhaben, und folge in Zukunft mehr deiner Intuition.

OKTOBER

Im Oktober geht es noch einmal um die Begegnung mit anderen Menschen. Innerer Frieden hilft uns weiter, wenn wir uns mit unseren eigenen Facetten konfrontieren.

Mein Naturimpuls für den Oktober ist eine gemeinsame Wanderung mit Freund*innen. Gehe einmal mit anderen Menschen in die Natur. Du kannst ihnen vielleicht verschiedene Plätze zeigen oder einfach nur eine bestimmte Strecke wandern. Es ist schön, zu mehreren durch die Natur zu streifen, in dieser entspannten Atmosphäre ins Gespräch zu kommen und sich auszutauschen. Vielleicht möchtest du auch ein wenig von deiner Reise berichten. Tue genau das, was sich für dich stimmig anfühlt, und beziehe die anderen mit ein. Selbstverständlich kannst du die Wanderung auch allein durchführen. Vielleicht möchtest du dann einem Baum von deinem bisherigen Weg erzählen.

NOVEMBER

Im November geht es darum, Altes zu verabschieden und loszulassen, denn nur so kann Neues entstehen. Ein Abtauchen in unsere tiefsten Bereiche ist in diesem Monat möglich, und es gelingt uns leichter, Eindrücke zu verarbeiten.

Der November ist ideal, um alte Dinge loszulassen. Dazu kannst du z. B. durch dein Zuhause gehen und vertrocknete Blätter, alte Zeitschriften, heruntergebrannte Kerzen oder kaputte Glühbirnen entsorgen. Auf einem Ausflug in die Natur kannst du überlegen, welche Dinge du loslassen möchtest. Schreibe sie auf kleine Zettel, und verbrenne diese am Ende deines Spaziergangs an einem Ort, an dem du Feuer machen darfst, oder zu Hause auf dem Balkon. Mit der Unterstützung des Elements Feuer kannst du die Energie des Alten loslassen und wandeln.

DEZEMBER

In diesem Monat stehen das innere Wachstum und der Sinn des Lebens im Fokus.

Der Naturimpuls für den Dezember ist ein Ritual für die Rauhnächte. Es heißt »Ritual der dreizehn Wünsche«. Schreibe auf dreizehn verschiedene Zettel dreizehn unterschiedliche Wünsche für das nächste Jahr auf. Achte darauf, dass der Wunsch positiv formuliert ist, also so, als ob er schon in Erfüllung gegangen ist, z. B. »Ich habe jeden Tag fünfzehn Minuten Zeit, die ich ganz für mich nutze«. Lege die Zettel in einen Briefumschlag oder ein kleines Kästchen hinein, und ziehe in den Rauhnächten jeden Abend einen Zettel. Beginne damit am 25. Dezember, und fahre so bis zum 5. Januar fort. Verbrenne den Zettel in einer feuerfesten Schale in der Natur, ohne ihn zu lesen, und lasse dich am 6. Januar überraschen, welcher Wunsch übrig geblieben ist. Um diesen wirst du dich im neuen Jahr selbst kümmern. Deine anderen Wünsche übergibst du dem Universum und darfst darauf vertrauen, dass es sie im kommenden Jahr erfüllt. Falls du dir noch mehr Naturimpulse für die Rauhnächte wünschst, möchte ich dir mein Buch »Rauhnächte – wirksame Impulse aus der Natur für die 12 magischen Nächte« ans Herz legen.

// WILLKOMMEN BEI DIR SELBST

EIN PAAR WORTE ZUM ABSCHLUSS

Ich habe diesen Jahresguide konzipiert und dieses Buch geschrieben, um all die wertvollen Methoden und Übungen an dich weiterzuschenken, die mir und vielen Teilnehmer*innen meiner Kurse und Weiterbildungen geholfen haben. Ich wünsche mir sehr, dass du in diesen zwölf Monaten viel von dieser speziellen Art des Coachings profitiert, dich selbst besser kennengelernt, deinem Leben neue Impulse gegeben und Visionen in die Realität gebracht hast. Du bist einzigartig, und vielleicht haben dich einige Übungen mehr angesprochen als andere. Dennoch hoffe ich von Herzen, dass du mit diesem roten Faden und meinen Ideen und Impulsen eine bereichernde, spannende und erlebnisreiche Reise unternommen hast und im Frieden mit dir sein kannst.

Ich wünsche dir auch in der Zukunft kraftvolle Momente in und mit der Natur, dass du ganz du selbst sein kannst und dich mit den Menschen und Dingen umgibst, die dir Kraft und Wertschätzung schenken. Vielleicht möchtest du sogar gemeinsam mit anderen in die Natur (und damit in diesen besonderen Coachingraum) eintauchen. Vertraue deiner Intuition, dann wirst du genau den Weg gehen, der für dich der richtige ist.

Ich danke dir für dein Vertrauen und die Zeit, die du meinen Worten geschenkt hast. Wenn du deine Erfahrungen mit mir teilen möchtest, freue ich mich darauf, von dir zu hören.

// MEIN DANK

Mein größter Dank gilt der Natur. Ich danke jedem Baum, jedem Stein, allen Elementen, die für mich großartige Begleiter sind und mir zu diesem Buch verholfen haben.

Neben der Natur gab es selbstverständlich noch viele andere Unterstützer*innen, denen ich gern meinen Dank aussprechen möchte. Ich danke meiner Tochter Luca, die sich mit ihren kreativen Ideen bei einigen Übungen beteiligt hat, und meinem Mann Manuel für sein Verständnis und seine Unterstützung. Er hat mir den Freiraum gegeben, den ich für das Schreiben brauchte. Ein großer Dank gilt meiner Mutter und meinem verstorbenen Vater. Meine Mutter ist ein großes Vorbild, was das Arbeiten an der eigenen Persönlichkeit betrifft. Sie kümmert sich um sich selbst und lebt mir vor, wie man sich noch in ihrem Alter weiterentwickeln kann. Mein Vater hat mich in der Kindheit zur Bewegung motiviert, und seitdem ist sie zu einem wichtigen Teil meines Lebens geworden. Meiner Schwester Sabine danke ich für die vielen Momente, die sie mich in der CoreDynamik-Ausbildung begleitet hat. Die Erkenntnisse und Inhalte dieser Ausbildung sind nach wie vor meine Basis und für mich in meiner Arbeit als Naturcoachin präsent. Dankenswerterweise durfte ich einige Inhalte und Modelle der CoreDynamik in mein Buch mit einfließen lassen.

Als Austauschpartner und Ideengeber stand dieses Mal mein Freund Martin an meiner Seite. Er unterstützte mich nicht nur beim Fußball-Modell, sondern hatte auch andere kreative Ideen und einen guten Blick auf das Gesamtkonzept.

Den Klient*innen und Teilnehmer*innen meiner Weiterbildungen möchte ich für die vielen Momente in der Natur und die dortigen Erfahrungen danken. Durch sie habe ich viel dazulernen dürfen, und zahlreiche Ergebnisse bzw. Erkenntnisse habe ich in diesem Buch integriert.

Dann kommt noch ein Riesendank an meine besondere Lektorin Katja. Dieses Buch wurde nicht nur einfach lektoriert, sondern sie hat mir Ideen geschenkt, mich inspiriert, Unklarheiten aufgedeckt und den Text wieder wunderbar zurechtgerückt. Liebe Katja, ich bin so froh, dass du an meiner Seite gestanden hast. Genauso möchte ich mich bei Simone für das tolle Cover und bei Anna und Katharina für das wunderschöne Layout bedanken. Durch euch ist das Buch auch ein Erlebnis zum Anschauen.

Auch Heidi und Markus Schirner danke ich aus tiefstem Herzen, dass sie mir vertraut haben und mein Buch in ihrem Verlag seine Heimat gefunden hat.

Ich danke dir, liebe*r Leser*in, für dein Interesse und freue mich, dich vielleicht auch einmal persönlich kennenzulernen.

// LITERATUREMPFEHLUNGEN

Appel, Jenny: Wer wachsen will, braucht starke Wurzeln. Mit der Kraft des Schamanismus sein volles Potenzial entfalten. München: Gräfe und Unzer Verlag. 2016.

Arvay, Clemens G.: Der Biophilia-Effekt: Heilung aus dem Wald. Wien: edition a. 2015.

Arvay, Clemens G.: Der Heilungscode der Natur. Die verborgenen Kräfte von Pflanzen und Tieren entdecken. München: Riemann Verlag. 2016.

Baron-Reid, Colette: The Map. Weisheitskarten der Seele. München: Knaur Verlag. 2012.

Bourbeau, Lise: Dein Körper weiß alles über Dich. Eine Anleitung, sich neu zu entdecken. Oberstdorf: Windpferd Verlag. 2014.

Boyesen, Gerda/Bergholz, Peter: Dein Bauch ist klüger als Du. Fühl Dich wohl und alles wird gut. Hamburg: Mikado Verlag. 2002.

Driver, Oliver: Über das Gelingen. Kleine Rituale zur Selbstheilung. Darmstadt: Schirner Verlag. 2013.

Driver Oliver: Selbstheilungspraxis. Der schamanische Weg: Ein Weg der Leichtigkeit durch die Kraft der Seele. Darmstadt: Schirner Verlag. 2012.

Ecker, Sabine: Zuhause im eigenen Körper. Strategien für eine lebendige Körperwahrnehmung. Weinheim/Basel: Beltz Verlag. 2015.

Felber, Ulli: Waldbaden im Jahreskreis. Das Jahr im Rhythmus des Waldes. Darmstadt: Schirner Verlag. 2018.

Fleisch, Nico H.: Das Quartett der Persönlichkeiten. Das Riemann-Thomann-Modell in Beziehungen und Konflikten. Bern: Haupt Verlag. 2020.

Funke, Wolfgang: Das geheime Wissen der Waldfrau. Vom Finden, Sammeln und Genießen. München: BLV Buchverlag. 2017.

Gabriel, Vicky/Anderson, William: Der alte Pfad. Wege zur Natur in uns selbst. Uhlstädt-Kirchhasel: Arun Verlag. 1999.

Gabriel, Vicky/Anderson, William: Seelenpfade: Schamanische Wege zur Heilung von Körper und Geist. Uhlstädt-Kirchhasel: Arun Verlag. 2010.

Gans, Carsten/Dienemann, Katja/Hume, Anja/Lorino, André: Arbeitsraum Natur: Handbuch für Coaches, Therapeuten, Trainer und Organisationen. Heidelberg: Springer Verlag. 2020.

Gruber, Julia/Thoma, Erwin: Bäume für die Seele. Welches Holz stärkt mich? Wien: Carl Ueberreuter Verlag. 2017.

Guéguen, Nicolas/Meineri, Sébastien: Natur für die Seele: Die Umwelt und ihre Auswirkungen auf die Psyche. Berlin/Heidelberg: Springer Spektrum. 2013.

Haerkötter, Marlene/Haerkötter, Gerd: Das Geheimnis der Bäume. Sagen, Geschichte, Beschreibungen. Köln: Anaconda Verlag. 2016.

Hillmann, Ralf: Von Bäumen und Achtsamkeit. Wie man mit Bäumen sprechen kann und dabei zu innerer Weisheit findet. 16 spirituelle Übungen. Luckau/Wendland: LebensSchritte Verlag. 2016.

Huppertz, Michael: Achtsamkeitsübungen. Experimente mit einem anderen Lebensgefühl. Paderborn: Junfermann Verlag. 2013.

Huppertz, Michael/Schatanek, Verena: Achtsamkeit in der Natur. 101 naturbezogene Achtsamkeitsübungen und theoretische Grundlagen. Paderborn: Jungfermann Verlag. 2021.
Jung, C. G.: Archetypen. Urbilder und Wirkkräfte des Kollektiven Unbewussten. Ostfildern: Patmos Verlag. 2022.
Joller, Kari: Naturerfahrung mit allen Sinnen. Ein Praxisbuch mit vielen Übungen. Baden/München: AT Verlag. 2008.
Kaiser, Martina: Der Jahreskreis: Den Rhythmus der Natur als unsere Kraftquelle nutzen. Bielefeld: Aurum Verlag. 2016.
Knabe, Sebastian: Die zwölf Sinne des Menschen. Handbuch pädagogische Praxis – neue Auflage. Berlin: epubli. 2016.
Kornfield, Jack: Meditation für Anfänger. München: Goldmann Verlag. 2005.
Kreszmeier, Astrid Habiba: Systemische Naturtherapie. Heidelberg: Carl-Auer Verlag. 2008.
Lindenthaler, Christine/Lindenthaler, Hansjörg: Natur als Partnerin. Systemische Prozessbegleitung in psychosozialen Handlungsfeldern. München: Buch & Media Verlag. 2012.
Luijpers, Wim: Die Heilkraft des Gehens. Gesunder Rücken, bewegliche Gelenke, starke Füße. München: Goldmann Verlag. 2014.
Mack, Bernhard: Führungsfaktor Menschenkenntnis. Mitarbeiter besser verstehen, typgerecht führen, optimal motivieren. Landsberg: Verlag Moderne Industrie. 2000.
Mohajeri, Tala: Die Wildnis in dir. Entdecke deine Einzigartigkeit. München: Irisiana Verlag. 2017.
Parucha, Norbert: Meditatives Wandern. Bewusste und achtsame Übungen in der Natur. Berlin: Allegria Verlag. 2014.
Peter, Kerstin: Coachingraum Natur. Draußen Entspannung, Kraft und Lebendigkeit finden. Darmstadt: Schirner Verlag. 2019.
Peter, Kerstin: Coachingraum Natur. Kraft tanken, sich neu ausrichten und Antworten finden. Übungskarten zum Selbstcoaching. Darmstadt: Schirner Verlag. 2020.
Peter, Kerstin: Rauhnächte. Wirksame Impulse aus der Natur für die 12 magischen Nächte. Darmstadt: Schirner Verlag. 2022.
Peters, Volker: Kraftrituale in der Natur. Veränderungen meistern, Krisen bewältigen, Erfolge feiern. Darmstadt: Schirner Verlag. 2017.
Petschel, Shanti E.: Reifeprüfung Wildnis. Endlich erwachsen werden. Uhlstädt-Kirchhasel: Arun Verlag. 2004.
Plotkin, Bill: Soulcraft. Die Mysterien von Natur und Seele. Uhlstädt-Kirchhasel: Arun Verlag. 2005.
Romstätter, Jörg: Das vergessene Wunder. Wie wir aus der Natur Kraft, Erfolg und Inspiration schöpfen. Berlin: Goldegg Verlag. 2015.
Ruland, Jeanne/Karaçay, Murat: Krafttier-Orakel. Ein liebevoller Begleiter im Alltag. Darmstadt: Schirner Verlag. 2005.
Spitzer, Manfred: Natur & Geist. Warum unsere Seele Natur braucht. Etsdorf am Kamp: Galila Verlag. 2019 (Audiobook).
Stark, Roswitha: Rituale im Jahreskreis. Heilung für Körper, Seele und Erde im Rhythmus der Natur. Murnau: Mankau Verlag. 2014.
Storch, Maja/Cantieni, Benita/Hüther, Gerald/Tschacher, Wolfgang: Embodiment. Die Wechselwirkung von Körper und Psyche verstehen und nutzen. Bern: Hans Huber Verlag. 2010.
Summer Rain, Mary: Leben und Heilen mit der Natur. Earthway: die Botschaft einer indianischen Seherin. Freiburg: Hermann Bauer Verlag. 1992.
Walser-Biffiger, Ursula: Vom schöpferischen Umgang mit Orten der Kraft. Ein Praxisbuch mit Übungen und Ritualen. Baden/München: AT Verlag. 2006.
Walser-Biffiger, Ursula: Heilrituale in der Natur. Die Wahrnehmung verfeinern, persönliche Rituale gestalten, die Selbstheilungskräfte stärken. Aarau/München: AT Verlag. 2012.

Hilfreiche Internetseiten

www.coredynamik.de/entwicklungsarchetypen-2/
www.dardo-consulting.com/blog/baum-der-starken/
www.sueddeutsche.de/gesundheit/koerper-und-emotionen-karte-der-gefuehle-1.1854431

// ÜBER DIE AUTORIN

Kerstin Peter lebt in Mainz und bildet Sozialassistenten und Erzieher in den Bereichen »Bewegung«, »Erlebnispädagogik« und »Entspannung« aus. 2004 absolvierte sie ihren Heilpraktiker für Psychotherapie und leitet seitdem Seminare zur Selbsterfahrung bzw. zum Selbsterleben. Durch die Ausbildungen zur Naturcoachin, Körperpsychotherapeutin, Entspannungstrainerin, Wildnispädagogin und CoreDynamik-Therapeutin hat sie ihren Methodenkoffer erweitert und führt auch Fortbildungen im Bereich »Naturcoaching« durch. Ihr ist es ein wichtiges Anliegen, dass Menschen in der Natur einen neuen Zugang zu ihrer inneren Wahrheit freilegen und dieser folgen.

www.coachingraumnatur.com

Instagram: @coachingraumnatur

// BILDNACHWEIS

Bilder von der Bilddatenbank www.shutterstock.com:

Layoutelemente: Blatt: # 538280953 (© Pensiri), Blätterornamente: # 538419400 (© Irbena)

S. 4 und S. 5: # 1571135380 (© Curioso.Photography), S. 7: # 2214401443 (© Happy window), S. 9: # 776818885 (© dugdax), S. 10: # 1867735126 (© Giedriius), S. 13: # 1827084839 (© Maridav), S. 14: # 2021910635 (© Ann Stryzhekin), S. 17: # 1856242957 (© j.chizhe), S. 18: # 190984427 (© djgis), S. 19: # 478859146 (© A_B_C), S. 20: # 154819184 (© dugdax), S. 21: # 710482243 (© mervas), S. 24: # 1272435568 (© Callipso88), S. 25: # 1769227433 (© Anest), S. 27: # 736687666 (© Gergely Zsolnai), S. 28: # 76064656 (© del Monaco), S. 29: # 784318591 (© Onchira Wongsiri), S. 30: # 2215658141 (© Andrei Metelev), S. 33: # 154819184 (© dugdax), S. 34: # 2017976441 (© nblx), S. 35: # 711860119 (© 271 EAK MOTO), S. 36 links oben: # 1474701353 (© Skoles), links mittig: # 710482243 (© mervas), links unten: # 1818658379 (© U__Photo), Mitte oben: # 249555160 (© Nutnarin Khetwong), Mitte mittig: # 1527923366 (© Panoptography), Mitte unten: # 134077718 (© Jason Patrick Ross), rechts oben: # 1993530860 (© nadtochiy), rechts unten: # 1268462962 (© AirelleS), S. 37: # 572993659 (© Matthias von Entress), S. 40: # 1844261641 (© Zz-zenia), S. 42: # 1791314120 (© Albert Ziganshin), S. 43: # 153544148 (© MP_P), S. 45: # 2209431263 (© Peter van Haastrecht), S. 46: # 1512696245 (© Sander van der Werf), S. 47: # 2191046215 (© domnitsky), S. 48: # 655226155 (© martinho Smart), S. 49: # 1962187441 (© Albert Beukhof), S. 50: # 106625477 (© Max Suduk), S. 51: # 580231894 (© blew_s), S. 52: # 69823048 (© sjfo-to), S. 53: # 375976726 (© grusgrus444), S. 54: # 2164770169 (© Ground Picture), S. 55: # 1152214319 (© Sergei Loginov), S. 56: # 290400803 (© Dinda Yulianto), S. 57: # 273563066 (© optimarc), S. 58: # 116472967 (© Mny-Jhee), S. 60: # 530473165 (© fran_kie), S. 61: # 2139046123 (© by-studio), S. 66: # 1085052749 (© foryouinf), S. 67: # 1322536037 (© JazzLove), S. 68: # 1864681687 (© Fotema), S. 69: # 54389155 (© mangostock), S. 71: # 432800005 (© Aleksandr Ozerov), S. 74: # 262004486 (© Creative Tra-vel Projects), S. 75: # 95030080 (© vovan), S. 77: # 2047429460 (© Mabeline72), S. 78: # 142728193 (© nature photos), S. 79: # 2145172807 (© Mariia Korneeva), S. 82: # 1855147948 (© Thx4Stock), S. 84: # 1506854450 (© OyvindAuke), S. 85: # 578942746 (© PonomarenkoNataly), S. 86: # 1543635605 (© Bouke Atema), S. 89: # 339554492 (© KieferPix), S. 90: # 1496314925 (© FTiare), S. 92: # 243313765 (© PHOTOCREO Michal Bednarek), S. 93: # 1164140149 (© tnkorn yangaun), S. 95: # 1754898 (© selim acar), S. 96: # 1433807834 (© Nick Ledzinskiy), S. 98: # 403614322 (© KieferPix), S. 99: # 1163772922 (© yulana), S. 100: # 111122363 (© Eder), S. 102: # 1743377252 (© LL_studio), S. 104: # 1766042690 (© Scorpp), S. 105: # 2210054079 (© Ryzhkov Oleksandr), S. 107: # 1421303402 (© nelelena), S. 108: # 1701535270 (© Maria Shustova), S. 109: # 1832512579 (© Ground Picture), S. 110: # 1212884572 (© bmphotographer), S. 111: # 92939050 (© vichie81), S. 112: # 2143052313 (© Ondrej Prosicky), S. 114: # 532108174 (© Damsea), S. 115: # 382035499 (© Menno Schaefer), S. 117: # 1713052156 (© Lukas Bischoff Photograph), S. 118: # 1946870842 (© Fit Ztudio), S. 119: # 1551182537 (© S.Myshkovsky), S. 123: # 1763186846 (© LookerStudio), S. 125: # 370915610 (© Eugenio Marongiu), S. 126: # 429272479 (© Cristina Conti), S. 127: # 154319714 (© Kichigin), S. 128: # 2219894409 (© Corinne Prado), S. 130: # 2070311276 (© Zmrzlinar), S. 131: # 1705387639 (© Cristina Conti), S. 134: # 2195510377 (© Maria Sbytova), S. 136: # 1333840304 (© Mike Pellinni), S. 138: # 313595954 (© Milosz Aniol), S. 140: # 220167337 (© Subbotina Anna), S. 141: # 297878216 (© Epic-StockMedia), S. 144: # 2152077767 (© 22January), S. 145: # 1971609131 (© Nata2021), S. 147: # 137902931 (© pr2is), S. 148: # 650498689 (© gbbot), S. 149: # 536419960 (© Alohaflaminggo), S. 151: # 191745947 (© Gergely Zsolnai), S. 152: # 2095755415 (© tache), S. 153: # 774523666 (© Bilanol), S. 155: # 1926675377 (© dugdax), S. 156: # 373796719 (© everst), S. 157: # 1829716541 (© Marc Andreu), S. 160: # 134272340 (© Mike Pellinni), S. 161: # 1801908490 (© Umomos), S. 163: # 2211381069 (© Alex Des-anshe), S. 164: # 674733304 (© Anton Jankovoy), S. 165: # 1038398632 (© Denis Belitsky), S. 166: # 152884685 (© Anatoli Styf), S. 167: # 1015546096 (© Andre Gie), S. 168: # 1065242801 (© Boule), S. 169: # 1922923949 (© Denis Belitsky), S. 170: # 1119871160 (© fotohunter), S. 172: # 1542099218 (© underworld), S. 173: # 1960152451 (© Artsiom P), S. 174: # 1582433554 (© Vitalii Bashka-tov), S. 175 hinten: # 1012334656 (© Protasov AN), vorn # 2236759893 (© Wolfgang Kruck), S. 178 hinten: # 670398310 (© Fren-taN), vorn: # 1680465310 (© mayu0616), S. 180: # 95411461 (© Dave Allen Photography), S. 183: # 164098622 (© Nailia Schwarz), S. 184: # 362641442 (© mahey), S. 187: # 1012550992 (© PixieMe)

Bilder © Kerstin Peter: S. 41, S. 44, S. 72, S. 171, S. 191

Icons bei den Übungen: © Simone Fleck, Schirner